創造力

創意表現的起源、進程與作用

A Very Short Introduction

Creativity

VLAD GLĂVEANU

弗拉多・格拉維努
著

何玉美
譯

目錄

第一章

創造力的定義

如果為某個術語下定義，理應是要提出一個精確意涵，那麼像「創造力」這樣複雜的現象，無疑在本質上便很難定義。主要是它具有多重含義，其含義不僅與時俱進累積增添，還極需參酌背景脈絡。不同文化的人，說到創造力這個詞彙可能代表不同意思，現在人們認為有創意的事，五十年前也不見得如此（五十年後看法或許亦不盡相同）。然而，創造力仍得接受定義，正因它難以制定出單一意涵，便有待我們去思考，它的運作與內在價值如何隨著社會變遷而演進。以下有些具體的例子，可能有助說明這點。

根據希臘神話，普羅米修斯（Prometheus）用黏土創造了人，並從天界偷了火帶到人間。因為這項僭越之舉，他遭到宙斯懲罰。他被縛在石頭上，禿鷹每天都來啄食他的肝臟（你可能會質疑這怎麼可能，謹記，身為泰坦族的一員，他是不死之身，而且每天晚上肝臟會重新長回來）。後來他獲得海克力斯（Heracles）的解救，才終結悲慘的命運（見圖1）。

這個頗為驚悚的故事與創造力有何關聯？首先，普羅米修斯的傳奇，在西方

圖 1　海克力斯解救普羅米修斯。阿提卡黑陶杯，西元前 500 年，現為羅浮宮典藏。（圖片來源：Photo (C) RMN-Grand Palais (musée du Louvre) / Hervé Lewandowski）

經典傳統中悠遠流長，它提供了一種人在面對艱難時不屈不撓與堅毅的形象，同時也提醒我們，為了追求更好的生活而英勇挑戰自然法則的人，可能會招致惡果。創造力在此時應運而生。對許多人來說，普羅米修斯是天才的象徵，他試圖改善人類的生活，卻以悲劇告終。這悲劇大大激發了幾個世紀後的浪漫主義，例如，瑪麗・雪萊（Mary Shelley）便把她的小說《科學怪人》副書名定為「現代普羅米修斯」。我們也別忘了，火本身就有創造的寓意——從象徵意義上來說，普羅米修斯帶給人類的就是創造性的火花。所以（太）有創造性或創造力本身，似乎從古至今都是雙面刃，一面是永恆的名聲，一面是無盡的磨難。

時序快速前進至文藝復興時期，文化風貌歷經鉅變，其中一大變化跟我們對創造力的理解有關。顧名思義，文藝復興的創作是奠基於古典的文化傳承，同時又有了許多新的設想（例如，藝術應是如實重現自然），一種關於創造表現原創性的新觀點崛起了。從古典時代到中世紀，創造之光只會出自眾神（某個泰坦族幫了點忙）或神（唯一「真正的」造物主），文藝復興思想家則想要主張不可思議之事：人（可惜當時定義中不盡然包含女人），生來就具備創造天賦。

達文西的生平讓人將他定位為偉大創造者的典型案例。達文西多才多藝，他在繪畫、素描、雕塑、建築、科學、工程、音樂、數學、文學、解剖、地質學、天文學、製圖學、古生物學與植物學等各領域，都有顯著的貢獻。比如，他的〈維特魯威人〉（*Vitruvian Man*），示現了（男）人身體與站姿的理想比例，至今仍是文藝復興最具代表性的文化貢獻之一（見圖2）。

現在恐怕難以想像會再出現達文西這樣的人，原因很多，大多都與創造力有關。首先，如今幾乎不可能有人可以在這麼多領域，掌握如此淵博的知識，因為在達文西時代之後，資訊的生成與傳遞速度都以等比級數增加。再者，創作是時代的產物，類似的成就必須用今日的文化透鏡審視過關才算數（多虧了這位義大利創作者的透視原理）。最後，正是文藝復興時期對創造力的思維，以及對個人天賦與博學的讚賞，才讓達文西的才學能夠充分發展。他若生在專業化分明的上個世紀，或者必須有能耐不斷在社群平台自我推銷的今日，又會是怎樣的光景？

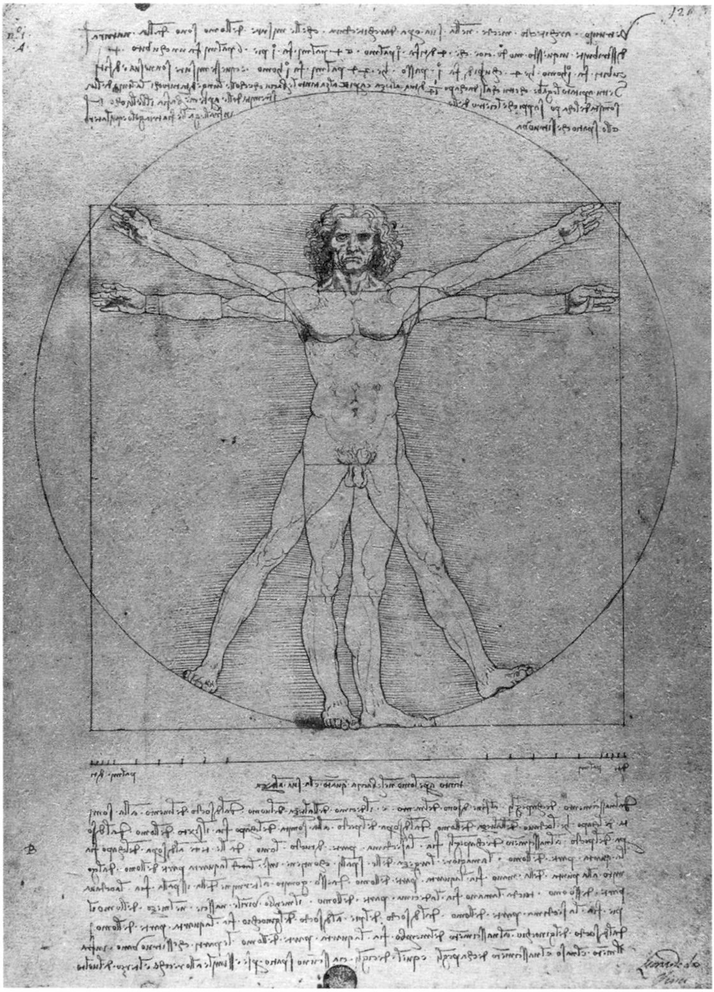

圖 2 〈維特魯威人〉，西元 1485 年，威尼斯。

（圖片來源：FineArt / Alamy Stock Photo）

最後，時間再往前躍進。二〇一七年，布加勒斯特（Bucharest）勝利廣場出現了一九八九年羅馬尼亞革命共產主義垮台以來，規模最大的示威活動。羅馬尼亞新世代動員了一場反政府運動，抗議當局把四萬二千歐元（相當技職工作者十倍月薪）以下的賄賂行動除罪化。在二月五日，攝氏零下十度低溫，六十萬名示威者有創意地運用歌唱、吟誦、擊鼓、人偶、面具，甚至是投影到政府建築物等方式，表達他們的憤怒及希冀：期盼他們所一起發動標記為#*Rezist*的行動，能改變羅馬尼亞政治與未來的面貌。

這項行動核心之中的創造力，反映了今日的世界。例如，這項行動是由人們在社群媒體互相串聯而建立起來的，而且它融合並媒合了當代文化的互相參照（如圖3中的標語所示「讓吉拉瓦與拉霍瓦再次強大！[1]」這裡提到的兩個人是羅馬尼亞的知名罪犯）。

1 譯註：羅馬尼亞示威者的標語「Make Jilava and Rahova great again!」，挪用了川普在美國總統大選的標語「Make America great again!」（讓美國再次強大）的典故。

圖 3 羅馬尼亞示威者。

（圖片來源：Beatrice Popescu and reproduced with permission.）

三個歷史案例，凸顯出三種不同的創造力表現形式，以及這個詞彙三種不一樣的含義。普羅米修斯的故事，著重在文明的變遷，以及發動創造的人可能要付出的代價。達文西為我們揭示了天賦是種個人資產的濫觴，並且把人類從創造表現的外圍搬移到核心位置。最後，羅馬尼亞示威者（以及過去數十年在各地發生的這類「〇〇之春」的抗爭行動）讓我們理解到，創造力是一個社會現象，它在自發性的線上與線下串連行動中產生。這些例子說的都是創造現象嗎？我認為是，不過想要了解它的多重面貌，我們必須從歷史中領略，而不能仰賴單一的普世定義。

創造力簡史

雖然「創造力」一詞，於十九世紀才首見於紀錄（至少在英語文獻是如此），不過創造力這個概念，其實跟人類差不多古老。這是因為創造事物的行為，是定義人類的重要特徵。有史以來，我們對有創造力的人看法有褒有貶，不同年代觀點也不盡相同，某些人、行業或行動又會被視為相對比較有創造性。不過各個世代對於有創造力的人何以能「脫穎而出」，以及他們的創造力是怎麼被激發出來的，一直都很著迷。歷史軌跡中也有幾個重大的里程碑，至少就西方傳統來看，包含以下幾個階段：

史前時代：定義人類文明的最基礎發明，例如始知用火，狩獵工具與輪子的發明，書寫的起源，豢養動物等等，這些都發生在史前，很難想像人們是怎麼想到或採納這些發明，也難以得知發明者們的思維。我們只能揣測，即興發揮並快速適應，很有可能是當時生活的常態。對某些人來說，比別人更有創造力可能會獲得進化優勢，因此受人關注、讚賞，甚或是讓人畏懼。

古典時代：普羅米修斯的故事，說明了運用個人創造力，打破自然與神性法則的恐懼。如此一來，創造出的成果還要加以詮釋，讓大家感到熟悉，或者覺得「正常」才行。這就是為什麼許多古老傳說都圍繞著神話人物（像是阿波羅神、繆思女神，以及飛馬佩加索斯），他們具備靈感與天賦。而某些古典時代亮眼的創造成果，也散見於哲學、領導、策略與藝術（如戲劇或雕塑）等領域。

中世紀：這是傳統上被視為壓抑而非展現創造力的時期。很大原因在於該時代比較偏愛傳統與一致性，而不是創新，特別是在宗教領域。不過如各個行業所展現的精湛工藝，此時期在許多傳統之中可以看見創造力（像是建造出數個世紀屹立不搖的大教堂與城堡）。中世紀的人相信，神是唯一的創造者，而人類的創造只是神的創造力延伸，是上天賞賜而非天生的。

文藝復興時代：文藝復興時期帶給了我們革命性的概念，不僅開始定義某些人是天生具有創造力，而非透過神的介入，並且還鼓吹人有這種潛能。結果，創意表現在藝術、科學與發明，以及政治與社會等層面都蓬勃發展。與中世紀工匠不同的是，文藝復興的創造者會自豪地自命為創作者並因而受惠。天才魅力，從文藝復興開始被視為一種個人優勢，直到今天都還是如此。

啟蒙時代：神是創造者的這個角色，最終在啟蒙時代被人（不盡然包含女人）所取代。在這個時期，頌揚理性與培養解決問題的技術、好奇心及實證研究，齊頭並進。科學天才特別討喜，事實上許多致力於科學發展的社會，都在此時期追溯出自身的起源。

浪漫主義時代：重視理性很快就被關注感性所平衡，浪漫主義於是不知不覺誕生了。藝術的成就獲得肯定，而且創造力與藝術表達之間恆久的關係，也就在這個時期落地生根。隨之而來的，是熱中於病理學與心智疾病的研究，因為瘋狂創作者這種形象，普受浪漫主義思想家、藝術家與作家所簇擁。瑪麗．雪萊的小說《科學怪人》便充分捕捉了浪漫主義對創作天才的看法，也就是天才總是反被自己創造的東西折磨。

二十世紀：上個世紀，創造力在科學研究領域誕生，大家感興趣的焦點，從神學家、哲學家漸漸轉移到精神學家，乃至於神經科學家。在上個世紀初期，創造力的理論，由精神分析與實用主義等早期學派所主導。行為主義的崛起對它沒太大助益，因為創造力屬於一種心智活動。直到二十世紀下半葉，認知革命（cognitive revolution）把創造力放在研究的圖譜中，並為它注入了多樣的主題（主要是認知性質的），像是構思、擴散性思考、頓悟與解決問題的能力等。這個世紀因世界大戰及其後的冷戰，社會發生劇烈轉變，該時代的科學家、領導者與軍事人才，被珍視為勝利與群體安全的守護者。

二十一世紀：電腦與網路、社群媒體與創意十足的迷因文化之普及，智能科技的誕生，交通運輸的進展，互聯世界的形成，在在都由創造性的行動所打造，反過來也形塑出創造力的實踐與科學。現在幾乎已經無法想像不使用科技或脫離各種（線上或線下的）社群，該怎麼進行創造？創造者與他們的受眾，比歷史上任何一個時期都更為親近。與他人協同工作，包含跨境合作，隨時都能進行。當然，這不一定代表我們比前述那些時代創造得更多或更好。不過可以確定的是，今日的天才比過往更具「社會性」，他們的創作則更為「流通」。

以上這段簡史肯定是片面的。首先，這是依循西方世界的發展，忽略了其他文化場域也有他們的創造者事蹟及創舉，與西方世界平行存在，也吸引著西方人的興趣。再者，這些是從特定時期與趨勢中選取出來的史實。歷史年代都是連貫無法分割的，而且從更廣泛的層面來看，這些概念總是跟人們如何看待生命、自然、社會、神祇及自我，全部交織在一起。

然而，如果想要從這多面向的歷史當中找到線索，我們可以思索一下，人們認為創造力的源頭是什麼，以及創造力是在何處「發生」。在這方面，很有意思的是，創造性行動的源頭，一開始是在人之外，來自神性型態的介入。漸漸地，這種影響被內化，而創造潛能變成個人天生的特徵，這種才能具有很多解釋，從遺傳與精神疾病，到特殊的個人特質與認知能力。這些詮釋都回到人的心理特徵上。近幾十年來，這種說法又被當前互相串聯與持續擴展的合作網絡所取代。即便創造者（他們的基因、大腦與心智）仍然十分重要，創造力本身卻已經逐漸「轉移陣地」到互動與共同創造所發生的中間地帶了。

我先前曾把這一歷史與文化上的轉變稱作典範轉移：從「他」到「我」，最後到「我們」的創造力典範。我在此處所說的典範是指，一系列對創造力的科學與主流信仰、實踐與態度。

在這個脈絡上，這項「他」典範，是把焦點放在天才層次的創造力與革命性的創舉上。那是專屬性與菁英式的觀點，基本上是把創造表現限縮在它最高的創造成就上，並把其他所有事物都貶抑為非創造性的（或者不那麼有創造性）。此外，我用男性第三人稱代名詞，是為了凸顯在高層次創造的思維架構中，歷來都是歧視女性的。

相反地，在「我」典範中，是創意個體的典範。它的格言就是每個人都有創造潛能，而且這種創造力可以透過教育取得。這是更「大眾化」的概念，雖然它仍是高度個人化的。

近幾十年，聚焦在個人與他們心理運作的概念，受到（重）新崛起的「我們」典範所挑戰，該典範認為創造是協作出來的。根據這種觀點，所有創造產物說穿了都是共同創造，一個人的創造行動之中，始終有他人有形或無形的參與。

這並不意味在削弱了天才與個人本位的主張後，「我們」典範就變成是理解創造力最好的途徑，或說它是目前的主流概念。事實上，因為必須與過去各歷史時代連結與呼應的這項附加價值，所以創造力觀念仍然一樣複雜。

「他」典範反映對天才的著迷（文藝復興），是既科學（啟蒙）又藝術（浪漫主義）的。「我」典範顯示的是基於二十世紀與二十一世紀，掌握創造力與學習之間的關係後，所形成教育的論述。與此同時，「我們」典範的主張，在組織與社會十分常見，其中團體工作與社會運動，像是羅馬尼亞示威便做到了跨越時代銜接公共型態的創造（史前時代），並為政治與民主激辯（古典時代）。

定義與評估

這個漫長又複雜的歷史為定義創造力帶來什麼好處？這樣說吧，首先它提醒我們所做出的通用表述，既不能把創造現象限縮為個人能力（某種尊榮），也不要只側重社會結構。現在用來描繪創造力的那些概念，必須是有系統的（用一體來考慮而不只是加總），並且是動態式的（關注創造行動的時間維度）。同時在描述創造者、創造物與創造歷程時，也需要對其背景保持敏銳，包含文化與歷史的脈絡。

而令人十分驚訝的是，我們發現心理學上對創造力最常見的定義，其實是著重在創造物上。它告訴我們創造的成果一方面必須反映出新穎與原創性，另一方面又要有價值感與適用性（相對於他們正在處理的任務或問題）。

某個東西是新穎或原創，分辨的方法直截了當：新穎必須是近期所製作，而原創要評估稀有性，或者這個新創物跟已存在物的「差距」。舉例來說，剛完成的一幅畫可能是新的，但它不一定是原創的，要看主題或技法是否先前已經大量使用過了。

適用性也很容易判斷：這個新造物是否能有效處理它該解決的問題？當然這裡的難處在於，並非所有的創造都是因應某個問題而來，許多創造行動比這更超然。不過，它們對個人來說仍有某種價值，至少對其自我發展、身心狀態而言是如此。對某些人來說，價值感表示需要更經濟一些，若創造物能產生利潤就會更受讚賞。

那麼創造歷程又如何呢？創造力的「標準」定義中，在歷程這部分是全無描述的。只要創造出來的結果是新穎／原創的，是有價值／適用的，那它必定會有某個創造的過程。如果它們只是很有價值、很適用，或許會太過常見而無法被稱作創新；如果是高度原創卻不怎麼有實用價值，恐怕又成了作怪去了。不管是哪種情況，都說明創造性的「甜蜜點」很難抵達，而前往的路途，仍舊跟古典時期一樣是個謎。

然而，數十年來對創造力所做的科學研究提供了些許線索。例如，我們知道當我們想辦法產生許多可能的解決方案，而不是鎖定單一的最佳答案時，有助支撐創意產生的認知運作過程，因為創造力跟擴散性思考與概念構成息息相關。認知上來說，組合的過程在創意產出上扮演重要角色。正確地說，從這個角度來看，創意的運作是用全新又令人驚訝的方式整併現有元素來完成的。最後還有頓悟的發生——也就是「啊！有了！」的瞬間，從古到今發揮創意時都與此相伴而生。總之，創造現象的認知定義（可參照第四章）會是在處理人們改變他對世界的理解，並把新概念相互連結所生成的產物。

但是，認知並非創造力的唯一重點，其他心理性的作用，諸如動機與情緒當然也有一定的地位。長久以來一直有相關的說法，像是內在動機（或者說單純為了樂於做這件事，不為其他外部利益），在創造歷程中扮演了重要的角色。而情緒的效應就比較複雜，因為正向與負面的情緒都會孕育出創造力，只是展現的方式迥異。

創造力的認定，最終還是很仰賴個人與其環境間的關係，因此在一九八〇年代有人提出了新型態的定義。這種系統性的訴求，將創造力定義為個人與他們自身人格特質、社會範疇（包含認證人與產品價值的守門人）及文化場域（新創物最終要貢獻的對象）交互作用所產生的一種現象。雖然這種主張的確大大擴展了我們的視野（也不否定個人的角色），不過創造力卻會被限縮至社會認可為有創意的才算數。

更近期社會文化取向的說法則大膽認為，對有創造力的人來說，「社會」應該不只是個外部環境，也是需要被定義到創造歷程內的重要元素。一個人獨處時所進行的創造性活動，何以會被認定本質上是社會性的呢？我與一些人認為，那些情況是指我們一直都是在跟其他人的想法合力創作的。說到底，我們的思想始終處於對話狀態，所持的觀點不僅止於（創造者）本人，也來自其他人。這就是創造力的社會文化性定義，它認為創造歷程是源於個人間立場與視角的差異，並用對話、換位及採取觀點等方式來陳述。

創造力並沒有單一、統一的定義，這絕對是最好的。與其選這種或那種說法，不如將它們都視為此複雜現象的其中一個面向。產物主張幫助我們確立創造力已經發生，還可以把創造物互相比較。認知主張則讓我們認識有創造力的人，以及他們所從事的內在心理運作。系統與社會文化性定義的重新表述，則幫助我們超越個人思想，考量創造表現更廣泛、更動態的特質，並凸顯他人的想法及更廣泛的文化在其中所扮演的角色。

這些不同定義都很重要，因為它們無論在我們衡量創造力或說明各種研究方法時，都給了我們指引。例如，產物主張強化了創造力的實驗研究（當創造表現需要被量化時），以及對個人創造力表現優劣等的延伸驗證。認知定義也有助測試，基於他們大多都在研究擴散性思考與頓悟。前者典型的例子是「非常用途測驗」（Unusual Uses Test），基本上是詢問受試者，他們會如何運用尋常物品像是磚頭、迴紋針、紙箱等，列舉出越多用途越好。這個測試基於洞察力，包含橫向思考，以解決問題或者發現不同元素間前所未見的關聯等。系統性與社會文化主張則鼓勵運用訪談、觀察或個案探討，來進行創造力的研究。因為要在現實世界的設定中，捕捉過程與內容，質化研究是最好的方法。

最終，並沒有一個創造力研究法是完美的，因為每個方法都是針對不同問題來提供解答。這些問題逐一根據所選用理論與特定定義的方式，去詮釋創造力這個多元面向的現象，也包含使用不同的詞彙來描述它。

延伸的詞彙

創造力跟許多其他具有相同關鍵特徵的過程息息相關。其中最主要的就是能動性（agency）[2]的概念，或者它在哲學上相似的說法——自由意志。創造某種東西（從概念到實物或動作）無疑是一種賦能的行動，因為（多數）創造性的行動是刻意為之，並且展現了創造者的個體性。而能動性行為則不需要產生東西，因此能動性屬於比較廣泛的類型，也是幾世紀以來備受爭議的議題（諸如生物的、心理的、社會的，種種不同型態的決定論一樣）。

其他高度相關的概念有想像力（imagination）與革新（innovation）。想像力是一種特殊的心理歷程，我們藉由它離開此時此刻，進入過去與未來，以及可能甚至是不可能等各種層面去探索。另一方面，革新則是更為實用的，因為它一般代表把有創意的想法落實。有些人可能會想把這三個歷程按順序連接起來：（a）想像某些東西。（b）創造出它們的原型。如果成功做到則（c）把它擴展為可行的革新。實際上的關聯會更複雜，因為想法的產生（我們想像中的創造力）與想法的落實（革新），其實是不斷循環的。

說到發揮創造力，即與（improvisation）與玩樂性（playfulness）也非常具

2 譯註：能動性（agency），哲學性的名詞，指人在特定環境中的行動能力。亦稱施為者、主體性與行動者。

有作用。當我們意外遇上阻礙或困境時會即興發揮，因為我們無法運用典型的反應。這聽起來肯定很像在描述創造力，不過並非所有創造性行動都屬即興為之的性質；有些可以妥善規劃、縝密執行，算是運籌帷幄而非不斷試錯而來。玩耍和玩樂性分別指不同的活動類型與個人特質，它們必定會在創造性的工作中發揮作用。這也是為什麼某種程度大家喜歡說，孩童是創造力最純粹體現的原因之一。很大貢獻便來自於玩耍本身那種無憂、自然與隨興的本質。不過就像前面說過的，嚴肅仍然可以、也的確會催生創造力。

最後，在更廣泛的層次上，變遷（change）與轉型（transformation）也是兩個經常與創造力聯想在一起的概念。因為對創造者與他們的受眾來說，創造的行動會產生變遷，也會讓世界轉變型態。不過，變遷可能是意外發生，或是因生物性的成熟，而非創造衝動。轉型則可能產生新局面，只不過不見得要求具備原創性的標準。

總之，顧及這些創造力的「延伸」詞彙，讓我們警覺此處所談的議題，對我們的存在來說有多重要，而且創造力的研究是跨學科性的（參照第七章）。事實上，我們之所以有這麼多與創造力相關的概念，原因之一就是當一個廣泛的現象出現時，不同的學科會關注不同的議題（運用不同方式，這也就是上述所有討論的概念根源）。心理學家擁抱創造力與想像力，教育學家偏愛玩耍與玩樂性，哲學家會在意能動性，人類學家專注在即興創作，管理與領導學者則關心革新，諸如此類。觀察這些不同主張的差異點，能幫我們釐清概念。另一方面，辨識出交集之處，也打開了我們探索更深層知識的可能性。

第二章至第六章，安排了幾個圍繞著創造力的關鍵問題，包含：誰、什麼、如何、何時何地，以及為何。「誰」的焦點在於創造力的推動者，包含個人與團體。「什麼」帶我們面對創造物，包含物質與非物質。「如何」屬於歷程的問題，而且可以說是其中最難回答的問題。「何時」與「何地」是考慮創造的背景脈絡，包含創造專業領域。「為何」處理的是人們從事創造活動的理由，他們從中獲得什麼，以及為何創造力對我們的生活頗為重要。

作為對創造力感興趣的人，還有一個我們得自問的重要問題：下一步呢？為何我們（以及包含研究者與參與者的其他人）投注這麼多時間與心力，去了解它的起源、歷程，以及創造力的作用？我們對它的興趣有黑暗面或極限嗎？越有創造力越好，而且始終都是「正解」嗎？

第二章

有創造力的人

當我們遇上新奇又原創的東西時，會習慣自問是誰製造了它們？問題的答案通常是某個人——一個我們認為「有創意」的個體。所以，創造者是研究創造力時的主要焦點並不令人意外，即使是我們將會探討到的，把創造「者」單純指向某個人是種誤導。

包含心理學與文化層面在內，有許多原因都能解釋為何我們把創造力當成個人所具備（或不具備）的某種東西，而且認為是項優點——特質、技能，甚至是生活態度。一方面，這樣比較容易從這個人身上找到創造力的來由，並用心理學的詞彙（例如意圖、信念、能力）來解釋它，而不用考慮到其所在的環境。比起聚焦於總是在複雜網絡中運行的合作、組織脈絡與文化價值觀等，把它單純想成是個人的屬性特質，可以節省許多時間心力。

另一方面，我們成長過程中聽了很多個人成就方面的故事，其中有不少都是偉大的領導者與獨特的發明家。我們的社會習慣讚揚個人更勝於團體；這一點可以從社會給出的回應，以及這些故事多麼稱讚特立獨行的主角中看出來。

因此，我們對於創造力的概念會追隨個人主義的邏輯，一點都不意外。如同第一章所述，創造者最古老的形象之一就是天才。自從文藝復興以來，這些形象都顯示出眾的個人以他們傑出的天分與創造動力，徒手改變了社會與文化。高瞻遠矚的領導者、靈感豐沛的發現者、遭受禁制的藝術家、癲狂的發明家、孤獨的科學家——在在都給了我們傑出個人具備天分與勇氣的模範。

重要的不只是這樣的偉大創造者都被認為是獨自工作（或只接受特定小團體的資助），還包含他們總是必須跟當時的社會與文化對抗，才有辦法進行創造。孤絕的天才這樣的迷思，不僅僅是把創造者與他們的環境切斷連結，還把後者塑造成真正的敵人。畢竟難道梵谷不是被他同時代的人，也就是那些不懂得賞識他的藝術與眼光的人逼瘋的嗎？史特拉汶斯基（Stravinsky）的《春之祭》（*Rite of Spring*）不也是被觀眾報以噓聲？我們也常聽到，年少時的愛因斯坦因為他的老師作風專制而從高中輟學吧？

這些故事都是特定而片面的。其中掩蓋了的事實是，即使是最邊緣化（被他們所在的領域與專業機構排斥）的創造者，仍舊仰賴緊密的社會網絡，取用他人的想法與資源。

有創造力的人從來都不是全然孤立地工作，他們絕對沒有處於社會與文化之「外」。沒錯，創造者經常需要與體制對抗，這無法否認。不過，在創造過程當中，他們也依賴自己與他人的關係來使用文化工具，甚至是隱性地運用了這些人與工具。梵谷的確有弟弟西奧可以依靠，他也藉由與高更的友誼之便，以及其他印象主義藝術家同伴那裡，獲取了一些創作靈感。史特拉汶斯基的公演相當傳奇，因為他整個職業生涯，都持續與卓越的舞者、畫家與設計師合作。愛因斯坦或許痛恨他所就讀的高中，不過，他絕對是在世界各地不同的大學校園找到了安身之所，包括伯恩、蘇黎世與普林斯頓。

吸引研究者的，一直都是卓越創造者的心理特徵，而非他們所在的社會網絡與文化環境，這是從第一個針對有創造力的人做觀察研究時就存在的問題。十九世紀末，法蘭西斯・高爾頓（Francis Galton）假設天才是遺傳，而且與常人相較，應該具有更鮮活的想像力，他為此做了一系列研究。他的第二個假設，驗證失敗了。第一個假設（創造力是遺傳使然）至今仍令許多研究者著迷，我們持續看到有人重新針對創造力進行生物性研究，包含「具創造性的腦」之類的神經科學研究。

二十世紀的做法是追隨這種在個人身上找到創造力「發源地」的傳統，不過大多是偏向心理層面。特別是一九五〇年代之後，著重在創造力與智商、個性與動機之間關聯性的研究大量出現。本章會檢視其中一些研究，同時持續指出這些創造現象有其社會與文化根源，以及其間複雜的交互作用。

創造「者」是怎麼簡化至「人」的一個絕佳例子，是關於心理疾病的探討。創造者（特別是天才）跟癲狂扯上關係，是長久以來就有的想法。事實上，在古典時期，人們相信創造者是受神祇或繆思女神啟發，在轉換了意識的狀態下接收到他們的創造。有時候，這樣違法的創造行為使他們遭到神祇的懲罰，通常是讓他們發瘋。許多故事述說的都是勇氣十足的人，膽敢對抗當時的社會與常規，最後不見容於社會或者被逼瘋。創造力在當時來說，終究不只是神賜予的禮物，也是潛在的詛咒——這也是心理疾病現象的雙重面貌。

幾個世紀之後的浪漫主義者，透過讚揚「癲狂的天才」，把創造力與瘋狂牢牢連結在一起。為了對抗啟蒙時代過度強調邏輯與理性，浪漫主義時期把藝術、情緒與無意識的地位提升。瘋狂不再是詛咒，而是開啟並徹底釋放創造力的關鍵鑰匙。古典時期與浪漫主義相同的，是關注創造者的心理狀態，兩者的區別在於這個心理狀態的由來：前者是外在的（神祇與繆思），後者則是內在的（情緒與無意識）。

浪漫主義的想像扭轉了我們對於藝術家與創造者的理解。它開啟了人們對創造力各種「真實」形式的探求，這些形式超越我們理性心智的桎梏，也對抗著所有文化規範與價值觀。完整承襲了這項傳統的，是當今的非主流藝術（outsider art）與原生藝術（art brut），他們讚揚自學或質樸藝術家的創作，其中經常包含心理疾病患者、囚犯與孩童。「art brut」這個詞彙，在法文指的是未經加工的、粗糙的，此派別是由藝術家尚．杜布菲（Jean Dubuffet）所發起，他收集了大量這類型的作品（有許多收藏在瑞士洛桑〔Lausanne〕的專屬美術館供觀賞；見圖4）。杜布菲相信，正是生活在社會邊緣，未經文化熏染，包含不知道什麼是藝術，才帶來真實的創造力。

還原創造力的面貌，認可邊緣人的創作，當然很有價值；不過認定創造力的來源完全出於人的內在，而社會不僅沒什麼貢獻還是它的敵人，卻是不正確的。這個觀點有幾個問題：首先最重要的，它加深了孤立天才的迷思，而且忽略社會環境與文化影響著每個創造表現行動的重要性。最後，非主流藝術確實在主流藝術世界之外活躍與運作，卻不是完完全全在社會之外。他們或許並不知道自己的作品是藝術，不過仍然運用了文化的符碼、象徵與工具賦予它意義。結果也因為藝術的文化性演進，所以他們的表現才會被「發現」，而現在它被整合進主流，匀出空間給新興的前衛藝術。

本章會談到創造「者」的故事，但有個重要的提醒請牢記於心。在此重申，

圖 4　瑞士洛桑的原生藝術館（Collection de l'art brut museum）一隅。
（圖片來源：Vue intérieure de la Collection de l'Art Brut, Lausanne. photo: Caroline Smyrliadis. Archives de la Collection de l'Art Brut, Lausanne.）

某個人具有創造性，但絕非獨存於世，而是在一個或大或小的網絡之中運作，在其中與他人有所關聯，並且使用著包含技術或語言在內的文化資源。因此我們必須把創造「者」擴及該創造人的社會脈絡：其合作伙伴、受眾、守門人、物品、空間，以及最終包含文化。

而且透過這種延伸，我們也必須考慮這個創造人，是從早期孩童時期、成年期到老年，隨著時間持續成長發展而來的。下個階段我們會探討個人特質（智力、個性、動機），他們不只是這些東西的加總，而是一個不斷動態演進的系統，還與其他系統及社會文化相互依賴。

創造力與智力

創造力被認為與智力有關，因為對很多人來說，創造牽涉到快速做出決策，以及跳脫框架思考。不過仔細審視後，我們會發現其中有明顯差異。智力高超的人或許能對不同問題快速提出解決方案，但這些方案不見得都是全新或原創的。突破框架思考則非智力的主要元素，甚至恰恰相反，因為菁英特別擅長的，是把舊有知識運用在新發生的困境上。另一方面，有創造力的人會嘗試其他選項，並在過程中建構新的知識。直覺上，我們都知道我們認為頂尖聰明的人並不一定非常有創意，而且或許正好相反。不過無可否認，創造力與智力確實是互相增強的，問題在於如何做到。

在許多方面，創造力的研究是從智力或才智的研究延伸發展出來的。第一批創造力的研究者最初的主要關注焦點，事實上就是在展現創造力與智力有何不同。他們針對這兩個架構發展出的首個測驗，是熱切想找出智力與創造力是否高度相關（意思是說，在智力測驗分數越高的人，創造力測驗分數也會越高）。在此情況下，有高度相關性就表示，我們正在測量同一種架構，或者換句話說，創造力與智力並不相同。幸好，他們確實發現了一個有趣的差異點。

創造力與智力的確在約莫智商一二〇分（比平均智商略高）之前，都彼此密切相關，不過高於這個分數之後，他們的相關性就降低許多，也就是大家熟知的門檻假說（threshold hypothesis）。這個發現讓研究者歸結出來，創造需要平均水準的智力，不過智商更高不一定會讓人更有創造性；它對創造力既不增強也不減弱。

支持或者否定門檻假說的經驗證據，在早期研究之後便持續累積，這個議題並未得解。近期運用更精良的工具，像是必要條件分析所做的整合分析發現，創造力與智力之間屬於必要但非充要條件的關係，因此，雖然這兩個現象並非完全一樣，但他們在某些地方的確有相同之處。這很有道理，表現優異（高智商）是天才的必要條件，而天才或多或少又是成功創造者的原型。

同時，在創造力研究中很流行的聚斂性思考與擴散性思考（convergent and divergent thinking）的區別，給了我們區分智力與創造力的線索。聚斂性思考幫助我們找到一個正確的解決方案，而它需要定義得很清楚的問題，就像學生在學校所拿到的題目一樣。相對來說，擴散性思考往各個方向發展，它們狀似可行，但都不「正確」，它是適用於含糊或開放性的問題，特別適合我們的日常生活。前者是智力的核心，後者如大家所料，是創意發展歷程中關鍵的挹注力。

不過，智力本身不應該簡化至單一因子或面向。事實上，針對智力指的是什麼，並非所有智力的研究者都意見相同。研究這種現象的歷史說明了，實際上智力到底是單一的歷程，或者其實是一連串特定的能力，還存在著很多有意思的爭議點。即使我們可以談論智力的一個普遍性因子，而它又進一步區分為晶體智力與流體智力兩種型態，前者是演繹，後者用歸納。

大家對於這樣的分類有個一致的批判，就是認為如此看待智力過於狹隘，只適用在學校環境，而且過於專注邏輯凌駕一切。智力還可以幫助我們做什麼呢？霍華德．嘉納（Howard Gardner）最有名的，是主張我們應該要談談支撐我們天賦與能力的那些多元過程，例如他舉出的八種智能：音樂節奏、視覺空間、語言、邏輯數學、身體動覺、人際交流、自省、自然觀察。有趣的是，嘉納提出每個智能型態都是一種特定類型的天才，因此明確地把智力表現與創造力表現聯繫起來。

羅伯特・史坦伯格（Robert J. Sternberg）的三元模型（triadic model）則直接提出了分析智力、實用智力與創造智力三種類型，更進一步強調這個連結。第一個類型相當於較傳統的「學術」型態，第二個是適應日常生活的類型，第三個則是以有創意的方式把上述的情境做轉化。現在情商（emotional intelligence）這個詞，或者其他讓我們更了解自身情緒及對其他人情緒的各種說法越來越流行。因為創造力當中包含多樣的情緒注入，並且它要以同理方式接納別人的觀點，於是創造力與智力間又搭起了新的橋梁。

然而，要了解智力與創造力兩者之間關係的本質，光是驗證它們的次要過程與面向是不夠的。我們還需要把兩者放入同一個脈絡中，特別是孕育它們的社會、物質及文化的脈絡。

在某種程度上，智力與創造力普遍被認為是長在「頭腦」之中，而且是我們生來就具備或者不具備的功能。這是非常誤導的觀點，因為這些領域的科學研究，不僅證明這兩者具有可塑性，且在理想的環境下是可被教育出來的。我們越把智力視為一系列的能力與才能，就越能同時看見這個本質，培育並幫助它表現得更好。

此外，根據皮亞傑（Piaget）與維高斯基（Vygotsky）的認知發展理論所提醒我們的，智能行為的起源，可以在孩童早期與物品及其他人的互動中被確立下來。沒有這些支持性的互動，或缺乏沉浸在符號、工具與體制的經驗，會剝奪他們發揮智力及創造力的潛能。甚至，對那些研究具有創造力的人的學者來說，這些行為與互動的模式才是最重要的部分，而這也正好把我們帶到下一個主題——人格。

創造力與人格

人格在上個世紀是心理學家主要的關注議題，而人格心理學至今都還是十分蓬勃發展的領域。常言道，人格塑造了我們，個人特質（traits）與特徵（characteristics）形成了獨特的綜合體，讓我們與他人有所區別。然而，也正是因為這些特質，把我們跟其他人連結起來。舉例來說，大體上有許多人都可被形容成敏銳或熱情，很多人就是因為彼此的特點有相似之處才湊在一起。這套原始人格特質，就這樣隨著一生不斷發展與展現，讓我們成為獨一無二的自己。

也因此我們可能會認為人格發展是一個創造的過程，以一開始先天的傾向為基礎，接著受到環境的引導，然後逐步透過自主選擇想要的情境與互動而培養出某些特質。每個人格最終都是原創的，至少某種程度來說是如此，而這些特質是為了幫助我們適應周邊的世界，因此展現了價值（雖然某些特定的特質可能會導致我們適應不良或走向病態）。不過，我們可以把創造力視為一種人格特質嗎？

為了回答這個問題，我們必須把個人特質定義得更清楚些。那是我們身處這個世界回應某些情況的方式，而且在不同時候、不同情境下，都有某種程度的穩定性（但也不會完全沒有彈性）。換句話說，如果我們說某個人很果決，那麼我們可以預期這個人在面對家人、同事甚至是陌生人的時候，都會展現一定程度的果決。當然，這也就是人格理論招來批判之處，特別是社會心理學家會指出，情境會大大決定我們的思想與行為。

舉例來說，我們可能不想在別人面前顯得懦弱或殘忍，不過卻有可能會在某種環境下一直這麼做。對於跨情境穩定性的探討，與創造力很有關係，因為如果創造力是一種人格特質，那麼它在各種背景情境與專業領域中的表現就會相對穩定，諸如在家庭、工作、市場、數學、陶藝或運動等各種層面。一方面，我們可以想像一個人在不同背景與領域中都很有創造力，不過另一方面，創造表現所憑藉的遠遠超越人格，還需要知識、技能，以及良好的社會關係。

認識到這一點後，心理學家的目標是想了解在一般情況或特定專業領域，哪些人格特質可能會支持（或抑制）創造性的行為。這議題歷經數十年的研究，產生了一長串與創造力有關聯的人格特質，適用於各個領域，包含玩樂性、容忍不確定性、偏好複雜、自主、彈性、冒險、好奇、興趣廣泛、獨立判斷、不墨守陳規、美感或偏好藝術等。

事實上，這串清單長到讓人懷疑是否有用處的地步。例如，了解到彈性這個人格特質跟創造力有關是有幫助的，不過也很好想像。上述許多描述有創意人士的特質，並沒有為我們帶來多少新的認知（像是好奇與美感）。更何況藝術創作者與科學家的個人特質恐怕會是不同的，確實已經有大量研究證實這點。

舉例來說，細心對藝術成就來說可能不是必要的，但對有創造力的科學家來說就是關鍵要素了。那麼，把人格與創造力放在一起研究，到底可以讓我們學到什麼？

有個非常受歡迎的「五大人格特質」理論，可以說明一些事。該理論基本上是舉出五項「超級」人格，這是跨年齡與文化，從一系列人格特徵的統計分類出來的。其中包含外向性（擅社交、直率，或者保守），神經質性（敏感、緊張，或者自信），盡責性（嚴謹或者輕率），經驗開放性（有創意、好奇，或者謹慎），親和性（友善、同情心，或者疏離）。

從簡短的描述裡，不難發現五大人格特質中哪個與創造力密切相關。沒錯，你猜到了，就是經驗開放性。這種人格特質包含好幾個子面向，像是鮮活的想像力，對情感的關注性，美感能力，偏好多樣性，以及求知欲。根據這些描述，你可能會問，那為何不把經驗開放性直接稱作「創造力」就好了？答案則必須回到對不同情況一般抱持開放態度（人格），跟實際上產出新穎、原創與實用的東西（創造力）之不同。事實上，後者還需要與多種不同的特質協同合作，在那些之上，還要有現存的知識、技能和動機等。

再舉另一個例子，盡責性通常被視為是創造表現的對立面，因為嚴謹的人比較會是自律、謹慎及勤奮的。這些聽起來都跟一個有創意的藝術家不太相像，不過這個特質在科學或其他領域的創造力上絕對具有貢獻。而且即使是在藝術上，成功的創作者並不只是處於漫無章法的創作過程之中，他們也必須讓自己有條理起來，以便推廣作品，此時盡責性就能派上一點用場。

在人格與創造力的研究上，有個問題一直不夠受到重視，那就是我們究竟「如何」才能對經驗採取開放和認真的態度？這個問題帶著我們去關注環境、生活經驗，以及與他人互動，在讓我們成為怎樣的一個人（此處是指成為一個有創造力的人）上所扮演的角色。

與智力一樣，人格並不是一系列「內在」功能，發展並顯現到「外在」世界而來。相反地，人格與創造力都是在複雜的社會互動網絡打造出來並適應其中。事實上，人與情境的關聯性會直接帶我們到下一個主題——動機。在特定背景下展現某些特質與技能，會使我們自動產生創造力，這不是最重要的，重要的是我們怎麼做到的？以及我們想要做什麼？

創造力與動機

動機解釋了我們為何會做某件事。在創造力的議題上，代表我們可以知道為什麼人們選擇用有創意的方式展現自己，包含何時、何地以及做出什麼事之類的。快速回想到底是什麼讓我們在嘗試與測試某些方案時，選擇有創意而非制式的作法，這會透露出頗多可能的動機（可參照第六章）。

舉例來說，因為我們是在處理不尋常的問題，沒有常用的解方，因此可能必須自己去創造。不過我們也很樂於為了舊有的難題，走上另類的路並且發掘新的解決方案。我們通常會選擇用創新的方式做某些事，因為這會讓我們感覺更好。此外，我們的創造力還可能會為我們帶來讚美或回饋，包含金錢上的，這便是一個強烈的動機；但並不表示如此一來，我們會無法樂在所做的事情上。

動機的樣貌很複雜，雖然能簡單將之區分成內在動機（為自己而做）與外在動機（為其他理由，包含避免受罰或爭取回報），卻也無法降低它的複雜性。乍看之下，我們傾向認為，內在動機對創造力具有助益，因為許多有創造力的人都具備這種光是去做就樂在其中的感覺。許多研究也持續證實這點，特別是特瑞莎．艾默伯（Teresa Amabile）與她的合作伙伴；因為有強力的證據證明創造性的行動本身就帶有回報，艾默伯甚至將它稱為「創造力的內在動機原則」。

然而，在那之後，發展出來的新見解有些微差異。無論在什麼時代、什麼背景，對什麼樣的人來說都一樣，外部動機不一定會降低創造力。雖然獎勵原本因內在利益而做的創造性行為，的確會降低我們的意願（至少在缺乏我們已習慣要有的內在獎勵的情況下是如此），不過在日常生活中，我們肯定會為了內在或外在的原因而展現創造力。

動機也可以用目標或終點這類發動或引導我們做某件事的詞彙來討論。在這方面通常也會區分為掌握（mastery）與學習目標——著重於這個人從事這項活動的個人利益，以及表現目標——設定好要達到的標準。

說到創造力，一大驅動力必定來自在能嫻熟掌控之下做出某件事，並在過程中有所學習。當我們發揮創造力，總是能夠從自己及這個世界中獲得一些新的發現。另一方面，無法排除其實我們也總是非常注重自己創造的成果究竟是好還是不好。當一個人想達成比先前更好的創造成果，或者跟她／他人的作品所設下的標竿競爭時，對於要做出這種表現的驅動力，是一種「戰勝自己」的體驗。這時外部回報像是金錢或認可，就可能會對創造者發揮激勵或削弱意願的作用。

有關動機與目標的討論，對於從幼兒期培養創造力，具有非常實際的作用。稱讚孩子創造出來的成果，不管是美麗的畫作、有趣的故事，或者厲害的科學專案，會對他們未來的創造力產生正面或負面的影響。

雖然正向和有建設性的回饋多多益善，像是單純針對結果（例如「這是我所見過最美的一幅畫。」）或者個人的優點（例如「妳是世界上最有創意的小女孩！」）這麼做會關注到成果與才能，但代價是忽視了喜悅、學習、努力與技術的掌控。如此一來，的確會激發孩子的自尊感，不過，就長遠來說，有可能會讓孩子放棄投入創造性的行為，特別是如果他們並不覺得自己可以成為「有史以來最好的」。

我們對自己的信念會影響創造動機，而在「心態」概念中凸顯出來。最知名的就是卡蘿・杜維克（Carol Dweck）這位學者把心態區分成兩種，一是定型心態，基本上是指我們的優點（包含智力與創造力）天生就是有限且固定的，一是可塑或成長心態，說明我們的特質是變動的，並強調學習的重要。可以想像定型心態的人，當創造性的任務失敗之後，不會再努力提升創造力。而成長心態的人，遇到挑戰時會受到激勵，想要透過學習變得更好。成功與失敗再次大大依賴他人的看法和回饋。

正因為這項動機與社會互動的討論，讓我們有了全新的理解，原來環境對創造力之中最「個人」或心理層面上來說，是如此重要。

我們可能會以為想要變得有創意的動機是非常個人化，單純是個人決定的，不過事實上，如同智力與人格，動機也仰賴自己與他人，仰賴我們在環境中面對及取得了什麼。想要發揮創造力的動機，源自於早期生活中，與我們的照顧者及同儕的互動，在那個時期，我們貌似在玩耍，卻也同時得知別人對我們的創造成果及才能的看法。

在這個意義上，創造「者」已經不像一開始那麼個人化了。或者說，發揮創造力的個人資源（像是智力、人格特質、情緒與動機的型態），其實是從實際的行動，以及與他人的互動所形塑出來。

本章最後我要提出的問題是，如果我們都具備至少一定程度有助創造力的特質與才能，為什麼卻有很多人不把創造力發揮出來？這個問題更確認了上述所言：事實上，創造力並不單靠個人特質，或者就這個問題而言，僅取決於背景與環境。

一個人要發揮創造力，他需要不同型態的智力、經驗的開放性，以及某些內在動機。不過，這些個人特質必須「遇上」一個鼓勵表達創造力的環境。如果文化規範上是順從先於個人主張，如果他人批評創作或提供了不相當的回報、不恰當的讚許，又或者此人對世界的開放程度，與這個世界對他的觀點及其貢獻的接受程度不相吻合，那麼創造力便無法蓬勃發展。這種個人與環境間的互動，在我們接下來所要進行的創造產物及其受眾的相關討論中，會更加明顯。

第三章

創造力的產物

有件事很了不起，值得我們思考，那就是在我們周遭每樣人為的東西，都是過去某個時間點，某個人的創造力產物。桌椅、紙筆，乃至於行動電話與電腦，有的是數千年前，有的是近幾十年，它們全都是被創造出來的。這些東西還未問世前，我們或許就連想都想不到。當有人（多半是某個組織而非個人）開始做出那些東西，接著同時代其他人又改善它們，並持續推陳出新。

因為我們太習以為常了，所以沒有察覺周遭大多數事物是創造的成果。那些是普通的事物，也是我們日常生活的一部分。我們要發揮很大的想像力，才能描繪它們還沒被創造出來時的世界。誰創造的？怎麼做到的？如果沒有它們，現在的我們又會怎樣？這些就是我們在本章想要探討的問題。

創造力的「產物」指的是，經由創造歷程產出的東西。這些產物的範疇很廣，大師設計的椅子、全新環保永續材料製作的杯子、最新款的手機，都算是有形的產物。不過，即使無形也可以是種創造性產物，至少很多東西一開始都是無形的，例如，舞蹈、音樂或劇場表演，這類的創造力會隨著時間推移而展開。

從一開始我們就應該注意到，創造力的研究主要集中在產物上。尤其是考慮到創造現象的定義時，這點就很明顯（見第一章）。產出新穎、原創又有價值的東西，基本上就是一種對產品的定義。從成品的角度著手，有一些特定的好處。首先最重要的，我們能從新穎性、原創性與適用性來評估這些產品，並因而清楚得知它是否具有創造性。產品可同時供他人評估，也可被長久保存（例如，一場獨特的音樂演出可被錄製起來，一張最古老的書寫紙張可被收藏在博物館等）。

不過，聚焦在產品也會有局限，主要在於我們會比較欠缺過程的資訊，例如，兩個人做數學題得出相同的答案，只評估最終結果，就會全然不知他們是如何解出來的。而創造的價值，可能取決於「如何」創造出來，而非創造出「什麼」。我們若缺乏對產品形成過程的了解，代價就是當產品不那麼出色時，也會誤判其中的創造力。

所以，為了理解創造力的「產物」，我們必須把關注焦點擴及到與創造品相關的創造歷程，也就是如第二章所說的，關係到這個有創造力的人，他本身的才能與生活背景。尤有甚者，我們還要考慮到這個創造產物背後更大的社會與歷史脈絡。事實上，如果我們不知道社會上已經現存的東西，又如何能夠鑑別出某個東西是新的？又或者如果它在歷史上已經出現過很多次，又怎麼能夠被稱為原創呢？甚至價值與適用性本質上也是一種背景脈絡，一個對某人或某團體有用的解決方案，對另一個時代別種情況下的其他人來說，卻可能是個災難。

因此，所有被視為新穎、原創和有用的東西，都必須點出是基於「何時」，以及對「誰」而言所做出的評斷。這並不是說創造力全然「見仁見智」，而是怎樣算是有創造力的標準，是創造者、受眾與創造本身之間持續進行的一種協定。

我們分析任何創造產物時，最終都必須考慮到文化，因為我們創造的成果都是在特定文化背景之下被定位並賦予意義。事實上，「新」並不是來取代「舊」，而是被整合進「舊」之中。透過包括語言在內的各種文化性工具，我們得以理解並鑑賞新奇的成果。這個過程不僅引領「舊」透過把「新」整合進來而轉變，也改變了我們對新奇事物本身的看法。

常態化的過程此時發揮了關鍵作用，它讓新奇逐步轉變為陳舊。但其他對創造力有貢獻的事也同時發生了，例如，文化傳遞（cultural transmission）使得在社會內流通的創造物，產生不同的「化身」。比如想想看，社群媒體雖然推陳出新，而有多少今日流行的種種新型態應用，都是基於同樣的網路參與基本原則。多元化發展與改良，都是文化傳遞的一部分。

關於文化演進及其與創造力的關係，有件值得注意的事，有創造力的人與創造性的成果，經常是隔著歷史在不同時間點與地點聚攏起來，並進而促使黃金時代（Golden Ages）誕生。在這些時期，各領域（社會、政治、經濟、藝術、科學與技術等）的急速發展，都被認定是跟世界上幾個文明息息相關，像是希臘、羅馬、阿茲特克、印度與中國等。讓創造力的研究者感到有趣的是，思考這些發明與發現的時代如何而來，是什麼促使它出現，如何維持數十年甚至數百年之久，又是如何走向終結。這個領域的研究主要在心理學方面，是由迪恩・基斯・西蒙頓（Dean Keith Simonton）完成，他的歷史計量法之研究著重在不同的黃金時代，包含伊斯蘭世界（見圖5）。他的調查研究及其他證據顯示，一位偉大的創造者不僅是下一世代的榜樣，而且影響會擴及好幾個世代。

在這個黃金時代的研究中，我們或許更需要注意的，是透過創造製品的積累，以及它們廣為流通讓那麼多人都能運用所發揮的作用。例如，許多伊斯蘭藝術不僅被運用在室內設計與公共空間，生動地呈現出建築與裝飾的進步，也展現在數學上，以及更常見的是出現在人們的審美觀與世界觀中。

創造成果不僅是創造過程的終點，更是另一個循環的起點。它們並非文化與文明故事中的一個被動元素，相反地，人們可以透過創造產物與其創造者對話，即使這位創造者早已不在人世。而且，成品在此時還可以發揮新的功能與用途。因此，創造者、受眾與創造物三者間的對話自然地產生，並隨著時間推移持續進行。事實上，這就是有時候黃金時代隔著幾世紀來理解文藝復興的方式。

在進一步說明創造成果對個人與社會的創造力所具有的價值與角色之前，我

圖 5　西班牙阿爾罕布拉宮的阿拉伯式蔓藤花紋飾，一個伊斯蘭藝術的應用案例。（圖片來源：Brigida Soriano / Alamy Stock Photo）

想提出最後一個重點。如前所述，把焦點放在創造產物，可以大大提升我們對創造力的了解，並補足了把焦點放在創造者與創造歷程的缺失，不過「僅」關注成品卻也是誤導。這會給人一種印象，所有創造都只是為了新世代，或者為了做出有價值的成品。在許多方面，創造力的議題在現今如此熱門，都是因為創造品在資本主義與消費主義社會所扮演的吃重角色。創造力產生了經濟價值，即使很不幸地，它也伴隨不平等與環境破壞的代價。

不過，創造的成果遠大於此（見第六章）。運用各種材料來做事以及親手製造東西，本質上來說，是讓人很有滿足感的。創造本身產生的喜悅經常大過任何金錢利益，因為創造的成果不僅對社會進步有貢獻，對個人發展亦然。如果忽略了這個要點，會使我們對於人為何創造，以及創造什麼的認知過於片面。最終，黃金時代不僅讓人有機會坐擁更多具創造性的東西，也讓人本身更美好。

靈感、產物及其他

創造力的一個原型產物是有創意的點子。有個新穎又原創的想法，對創造來說如此密切相關，以至於點亮的燈泡成為整個創造力的象徵。此處點亮的燈泡代表了頓悟，而它被視為創造歷程中的一個關鍵元素。

但是創造力比點子想法這些都更高深。想法需要被傳遞並試行，不管是在想像中或實際執行，以便證明其價值與適用性（除了新穎與原創之外同樣重要的創造力特徵）。可能有人會主張，任何創造歷程都始自一個有創意的點子，然後物質化成為一個物品。其實並不盡然，事實上，我們在進行創造物品的物質化過程時，經常微調、更新甚至有時會完全改掉原始的想法。因此，有創意的點子與創造物之間並非單線的因果關係，而是一種雙向連結，是同一個現象的兩種面向。

我們必須了解，創造力的成果不僅是認知和物質上的，而且也是文化上的，我把它們都稱作「創作品」（artefacts）。創作品，作為文化的產物，通常是我們給某些被社會賦予價值的東西所貼的標籤，比如，發明物、裝置藝術或設計品。它們一般置於展覽館、博物館或科學實驗室中。不過，說到創造力，我們會加以擴大這個概念。

首先，所有創造力的產物都同時是文化成果。這是因為創造者必定運用了包含語言、實際工具和精湛的技術等文化資源，把東西做出來。再者，創造的產物又再貢獻回文化資源的範疇，成為靈感來源或可供使用的新工具，讓創造者及其他人能夠接著繼續從事他們的工作。這樣的認知涵蓋廣泛，適用範圍從兒童繪畫等短暫存在的作品，乃至畢卡索〈格爾尼卡〉（*Guernica*）這樣的曠世巨作；從數學課裡一個新的解題法，到可以得菲爾茲數學獎（Fields Medal）的重大突破。凡此種種，都算是在家庭、學校或大到整個社會，創造出來並貢獻回整體的「創作」。

對創造力的研究者來說，關鍵的問題在於如何評測創造成果，以及「比較有」創造力與「比較沒有」創造力，又是怎麼區別的？關於這點，首先創意點子在實證研究中有過許多著墨，現在我們對如何評估已經很有掌握度。最典型的，有創意的點子是由擴散性思考的任務中所引發，例如，「非常用途測驗」請受試者替尋常的物品（如磚頭、迴紋針、紙箱、剪刀等）想出各式各樣的用途。這些產出點子被分成四種：流暢性或點子的總數、變通性或點子的種類、獨特性或點子的稀有度、精密性或點子的詮釋性。

舉例來說，若有人提出磚頭的四個用途：蓋房子、砌牆、用於烹飪、戴在脖子上，在派對中當作話題，其流暢性為四。變通性則是三，因為蓋房子與砌牆算同一類型；評估獨特性的話，必須把這四個答案跟更大樣本數的其他回答做比較。我們會猜想，用於建造獨特性低（因為在大樣本的回應中並不稀有，屬於大多數人最早會想到的用途），相對來說，回答烹飪則有點獨特性（樣本數夠大的話，或許會出現一、兩個）。而作為飾品的答案可能獨特性就很高，至於精密性，前三個比較缺乏細節，第四項則比較充分。

這是不是令人信服的創造力評估方式？如果根據創造現象的定義，可以看出新穎性與原創性被妥善納入評估，但價值與適用性就不在其中了。我們也沒有進行像是這些用途實際可行性的評分，如果這麼做的話，建造的分數可能會很高，把磚頭戴在脖子上可能就很差。在此我們遇到了關於創意的一種兩難，事實上，創造力的不同條件，可能會是負向相關，在上述案例中，獨特性越高的答案反而是越沒用處的。

這反映了評估假設性創造力，與在實際生活上鑑別解決方案是不一樣的。現實之中，創意點子必須在常規與非常規之間，達到良好的平衡點。最後，點子行不行得通也視文化而定。全世界並非所有地方都發展出使用磚頭來建造的方式，有許多地方更常見的是採用木頭、黏土或蘆葦。同樣地，對於熟悉磚灶的人，比較容易想到用於烹飪這個答案。文化與脈絡再度大大影響了創造力，以及對它的評價。

在評估創造物如散文、繪畫或科學發現時，情況也相同。一個人的創造成果可以衡量它的數量（流暢性）、多樣化（變通性）、稀少度（獨特性），以及細膩程度（精密性）。此外，適用性的問題會比前述更凸顯，因為這些產物都是表達感情、解決問題、擴展思維或增加可能性的範圍。那些創作品若無法達到上述所言，可能就不會被認為是有創造性。

在很大程度上，文化脈絡也會決定人們對創造力的接受度。有些文化，特別是西方，欣賞新穎與原創更勝一切，因此傾向讚賞突破與激進的革新。有些文化，特別是東方或南半球，往往認為傳統更富價值，喜歡在現存的事物上繼續發展或加以增添，而非破壞它。

最後，上述我們稱點子與物質產品為創作品，而某種程序或演出（例如音樂、舞蹈、戲劇）也同樣算是創作。為了能鑑別這些創作，或許應該要增添新的條件，特別是與它們多容易相伴而生，以及豐富我們的生活有關的條件。我們也可以超越產物與過程去思考，我們作為個人在意圖上產生的事物，像是價值與常規，都是一種團體之內或之間的創造性協定，屬於集體建構出來的東西。而一個人的自我認同與生活軌跡，亦可被想成是一種創造性的產物，畢竟那肯定都相當獨特，而且（大多）也都很適用、很有價值。這些都是從我們、他人與文化間，複雜又基本的創造性交流而來。

創造力的大小，以及其間所有

到目前為止，我們討論了多種創造品，但還沒談過它們的創造力層面。有些孩子的繪畫可能比別人更有創造性（也就是既原創又有價值），但他們很可能不會像達利（Salvador Dalí）或芙烈達．卡蘿（Frida Kahlo）那樣在社會上留名。後者的作品不見得「更有」創造性；事實上，如果我們更能欣賞孩童的繪畫與創作的話，某些可能有機會被視為具突破性。主要是兩位畫家的影響力，使得其創作品有別於其他。孩子的塗鴉通常不會長久保存，即使它在孩童成長發展階段扮演吃重角色，但並未發揮藝術傑作的文化影響力。另一個差異是產出這些創作品時所處的背景脈絡（個人與家庭的對比職業性的），以及作品的複雜性（孩童的塗鴉一般比較不精細，所以在這方面的專業性也比較吃虧）。

這些觀察引領創造力研究者把創造力形式區分成「大C」或「小C」。小C的創造力（Little c）包含所有微小、尋常的產物，一般來說不會在文化上留名，但仍對一個人的自我發展、心理健康與幸福感至關重大。相對來說，大C的創造力（Big C）是可見度高、革命性的，並且具備長遠影響力。前者包含繪畫、嬉戲、說故事、園藝與解決日常問題等；後者則通常發生在不同的領域，像是藝術、設計、音樂與科學。有趣的是，許多人類活動顯示，大C的創造力與小C的創造力比較像是連貫在一起的。舉例來說，當我們為家人即興做出一頓飯，這時也可以在家裡很有創意地烹飪。而得獎的名廚則是把這件事做到某種程度，他們做出某個創意料理作品，重新定義了一個國家甚至全世界的廚藝。

為了更深入探究創造力的成果是一個連續體的概念，詹姆士．考夫曼

（James C. Kaufman）與貝格多（Beghetto）[3]提出了創造力的「4C模型」。這個架構把創造力分成迷你C、小C、專業C與大C。迷你C代表的是創造性的想法與學習形式，往往是發生了一些頓悟，對學習新事物產生幫助，而不一定是某種行為的表現，或做出有待他人評估東西。事實上，基於這些頓悟若有產出東西，不管多微不足道或多普通都可說是小C了。這些物質化的創作品可以被他人觀察與鑑賞，不過一般不會超出與創造者自身相關的範圍。專業C則是在專業性的層面上展現創造力。創造者是受到專業訓練的藝術家，不再是孩童或學生，但還不到達利或卡蘿的層次。後者代表的是大C，區別在於社會名望與影響力。

考夫曼與貝格多把這四個類別看作連續體，而非嚴格分開。舉例來說，在發展上，我們從迷你C到小C，然後才選擇在專業C的層面上要朝哪個方向發展。儘管並非總是如此，但滿常發生的情況是，至少有十年以上專業C的歷練，才會產生大C層次的創造。

該模型有個有趣的補充說明，也就是還必須考慮到是從誰的觀點去評判迷你

C、小C、專業C與大C，以及創造者怎麼看待自己的創造品。這裡或許有些發人深省的案例，顯示出創造者與受眾或不同受眾間會有認知衝突。比如，畢卡索年少時某天所畫的素描，屬於很棒的小C，他當時沒有給任何人看，不過可能後來會被發掘出來，並在拍賣會或美術館展出中被認定為大C。同樣地，幾世紀前受人尊崇的專業C或大C作品，可能全然被遺忘或者只是今日歷史書籍中的一條小註腳。在此，時代與背景脈絡又再次影響了我們對創造成果的看法。

跟這種大小二分類似但不盡相同的另一個重要區別，在於個人與歷史的創造力。波頓（Boden）談到「P創造力」（P-creativity）或「個人創造力」，這是指從個人角度而非社會角度來創造新東西。另一方面，「歷史性的創造力」或說「H創造力」（H-creativity），指的是基於歷史尺度，對每個人來說都是新穎的創造。前者的一個絕佳案例是「畢氏定理」，這屬於個人的發現，顯示一個數學學生的傑出才能，不過它並未增加我們的幾何學知識。

3 編按：Ronald A. Beghetto，美國教育心理學家。

這個分類並不是基於創造力貢獻度的「大小」，而在於從個人或社會角度來看。當然，社會與文化很難被看成是同質與統一的。在某個文化不受青睞的歷史性的創造，在另一個文化可能大放異彩。反過來說，某項個人形式的創造，在另一個時空背景下，可能會被重新評價為歷史性的創造。

上述討論帶領我們去質疑這些專業的、大的和歷史性的創造等次分類的確切性。史坦伯格與其同僚的推力模式（Propulsion Model）針對這部分做了整合並再往前推進，他們的觀點是，創造性的挹注有幾種可能：把現有的典範保留在原處（複製與重新定義）；保留現有典範但將之帶往它正前去的方向（向前增量與進階向前增量）；拒絕現有典範並試圖把該領域從現存的起始點帶往新的方向（重新定向與重新建構）；拒絕現有典範並且讓該領域從一個新的起始點重新出發，幫助它走上全新的方向（重新開始）；或者最後一種，把所有元素與方向，包含看起來不同甚或相反的都兜攏在一起（整合）。思考這些一般性類別如何應用到小C或個人創造力，以及不那麼常規化的創造品（如身分定位與生命歷程的創造力等）上，會是滿有意思的事。

最後，為何某些創造品會勝過其他，何以有些被當作高價值看待，有些則一直未被重視或被視為不重要，反思這些問題也很有用處。我和考夫曼在近期一份報告談到「CASE模型」（CASE model，分別是資本〔capital〕、覺知〔awareness〕、靈感〔spark〕、卓越〔exceptionality〕），並思考了這個問題。在報告中我們主張，大多數世俗的創造品都不被視為有「創造力」，主要由於以下某個或多個原因：（a）缺乏社會與文化資本，或者換句話說，創造者缺乏被認可為創作者所需要具備的「正確的」教育與人脈連結。（b）缺乏自身從事的活動是有創造性或至少有創造潛力的覺知。（c）缺乏「靈感」，意思是創造者並非新創出一個點子，其作品是接續他人已發展的路徑而來的。（d）缺乏卓越，或者創造品並不具備從其他及類似產品中脫穎而出的資產。

善意，惡意，或兩者皆是？

我們此處所討論的，多半著重在對個人與社會發揮正面影響的案例。但不可否認，有些創造品會帶來負面效應。事實上，如果我們認定創造力的定義是做出新穎、原創又有價值的成品，我們也理解人很有可能會用一種高度原創的方式來傷害他人，而這方式至少對他們而言是有價值又有效的。然而，我們該稱之為創意嗎？或者也許我們還是必須把創造力與人性中好的那一面結合，另外為惡意的行為和成果發明一個新的術語？

正面與負面的創造力，我們「都」要思考的理由很多。首先，如果我們拒絕把惡意的創造視為一種創造，就會缺乏了解它們的概念性工具。第二，也是最重要的，我們應該避免對創造力、創造產物與創造者，發展出一種浪漫化的觀點。沒錯，創造力很重要的是為了讓我們對世界及他人的世界持開放態度，這點我們在第六章會闡述更多，但並不表示不會有人把這種開放性用在不道德或自私的用途上。即使在個人的層面，創造性的活動都有可能會產生正面或負面的結果。例如，如果有人很擅長用快速又即興的方式解決問題，他們可能會沒有確認正確作法與規則的習慣，就算這個環節對人的安全至關重要。

任何創造物與道德的討論，都必須區分意圖與結果。如果一個人想要創造改善他人生活的東西，不過創造物卻被人（也）用在負面的用途上，創造者應該受到譴責嗎？我們是否應該指責發明炸藥的阿弗烈．諾貝爾（Alfred Nobel），說是他使得人們在軍事衝突受到傷害？或者怪罪發明原子彈的歐本海默（Oppenheimer）釀成毀滅？

這是很難回答的問題，因為我們並非總能確切知道創造者的意圖與其背景脈絡。然而，現在被廣為接受的「惡意的創造力」，指的是意圖製造傷害的創造成果。有太多新穎又驚人的創造性行動，本質上是帶有毀滅性的，例如非典型的恐怖攻擊。

當我們認為傷害他人似乎有其正當性（例如在戰爭情況下），事情就變得更複雜。使用新穎、原創又高度有效的方式去摧毀敵人，會讓一個人被塑造成英雄或壞蛋，烈士或受難者。同樣一個人，可能會被不同的族群視為行善或作惡。當然你可能會說，我們有國際組織與代表去裁量如發動戰爭的道德性議題，不過這些組織的決議經常還是有爭議的。

更複雜的是，每個人會因不同理由而做同一件事，有人是利他的，有人堅持利己，還有人會思考兼顧兩者。某種程度就像第二章所討論的內在動機與外在動機，與其黑白分明地區分善意和惡意的創造，我們確實能找到明確分屬兩端的案例，但也會有許多是在灰色地帶的案例與創造產物。

直接詢問創造者他們的意圖也不太能幫得上忙，因為人往往相信自己做的是對的事，或說服自己是在做對的事。不然我們怎麼解釋打著資本主義、生產力與新自由主義旗號行事，卻使當地社區環境遭到破壞或變得貧乏的那些行為呢？

這些人當中有很多都深信，追求生產更多產品、賺更多錢的最終目標，能讓其中的代價都正當化。這或許能用非預期的後果來一筆勾消，不過事實上，這些都是一種不良的信念與自我保護的偏差行為。今日的大企業都很有創造性，他們奪取並運用世界各地的自然資源，也就是賽拉（Sierra）與法倫（Fallon）[4]所說的「剝削性的創造」（exploitative creativity）。在這種情況下，創造的結果是使得少數人非常富有，而有些人貧窮、流離失所甚至種族滅絕，更別提氣候變遷這個集體代價。

如果要正向一點來作結，也有許多例子是創造性的產物意外帶來了全新而正面的結果。那屬於一種擴展，也就是在現存的創造物上發掘出新的功用，這種情況在醫藥與科技領域層出不窮。就像是結核病的治療意外促進了抗憂鬱藥的發展，以及十年來似乎都沒什麼用處的弱黏膠促使了便利貼的發明。當然，其中大

4 編按：Zayda Sierra，現為安蒂奧基亞大學名譽教授。Gerald Fallon 是英屬哥倫比亞大學教育學院副教授。

多數原始的創造者都未事先預見這些新用途與可能性。不過這種「解決方案找上了問題點」的實例，使我們感受到喬凡尼．科拉扎（Giovanni Corazza）所說創造品的未定論性（inconclusiveness of creative artefacts），也就是創造產物被做出來的時候，我們永遠無法預先知道所有可能的用途，包含正面或負面的。

這是在區分創造力的產物與歷程時，最後一個重要的觀察。假定創造歷程的終點就是創造性產物，這種想法很正常，不過如前所述，產物也會開啟一個新的創造歷程，包括透過他人展開。這乃是一體兩面，創造「產物」與創造「歷程」是經過一段推移的時間，而被連結起來的。在時間洪流中，創造品被使用、被遺忘、被重新發現，有時被重新創造。而這些轉變發生的過程，就是第四章要探討的焦點。

第四章

創造力的發生歷程

在探討創造力時，追究創造歷程的本質，可說是最令人著迷又最難解答的一個問題。創造力究竟是怎麼發生的，幾個世紀以來人們一直都在思考，就算沒有千年，也早在我們有形容這種現象的詞彙或用科學方法來研究它之前就開始了。而數個世紀後的現在，我們對創造歷程的視野仍不夠全面，對它的複雜性也尚未清楚了解。

在許多方面來說，這都不奇怪，若是創造力本就指不預期發生的事物，那麼某種程度而言，為它做出預測性或決定性的模型便毫無意義。如果我們精確知道創造性如何運作，並遵循某個「公式」，那也就不再是創造了。同時，我們已經累積了大量知識，特別是過去的七十年間，學者大量研究對做出創造物有助益的心理特質、技能與機制。不過要整合情緒、身體、物品、他人、組織與文化，以便完整描繪出創造力的始末，這方面還有一段很長的路要走。

在這一章，我們會進一步檢視創造歷程。這裡的歷程是複數型態，我刻意凸顯這點是因為包含個人與背景脈絡，許多不同型態的創造性會同時發生。再者，這些途徑或過程是多元面向的，雖然我們往往會認為創造力是從「頭腦中」開始，以一個想法的形式出現，接著被實現或未被實現。不過這個認知的面向，只是創意的諸多面向之一。如果我們沒有頭腦去支持想法的形成，也沒有能夠行動的身體，以及接受這一切的環境，就不會有所謂的創意了。如此一來，為了支撐創意認知，還會有腦神經系統與身體等面向存在。

在認知之外，創造力還受到不同的動機所驅動，而各式各樣的情緒也增添它的豐富多彩。我們在創造的時候不只是思考而已，同時也在感覺與體驗某些特定的意識狀態，像是驚嘆、敬畏與心流等。

他人也是個重要元素，不僅因為我們是和別人一起創造，或者為了其他人而創造，還因為社會互動也提供了我們思考、感受與採取行動的「題材」。最後，創造意味著要「製造」，如果沒有一個「遍布」各種屬性與方便取用的物質實體世界，也就無法「製造」。

這些創造歷程的心理（認知、情緒與動機）、社會與物質面向，在我所說的創造行動中互相關聯。行動是把心理與行為整合成一個單位（做）的一種概念，它同時是個人的也是社會的。事實上，我們的行動與生物反應及自動反應不同，它們透過運用象徵、符號與社會上現存的各種工具與資源，自然地反映出文化。

舉個最基本的例子，走路是個尋常的行為，運用移動腿部與身體的動作，把我們從A處帶到B處。不過，作為一種行動則意味著包含：準備要走到某處，穿合適的鞋子，針對當下環境拿捏合宜的行走速度與節奏，也要有辦法考慮我們是真的想走路還是搭公車；以及對某些人來說，每天還可以在手機應用程式上，確認當天的步數並做整週的規畫。

這與創造力有何關聯呢？如果創造歷程只是生物性的，那麼跟意圖、意義就不太相關，也可忽略社會背景。而作為一種行動，創造力就是目標導向、具備某種意義，並且受到社會常規與價值形塑的影響。有些人可能會覺得後者聽起來很奇怪，因為創造被認為應該要棄絕現有文化、催生新局面，遵循社會文化的影響似乎與創造力本身矛盾對立。

不過一項更深入的研究證明，事情恰恰相反。所有創造行動都無法獨立於文化而存在，即使有些創造者是對所謂的「主流」文化做出反動。有高度創造力的人，目標是打破社會傳統及過時的常規與價值，不過他們為達目的仍得運用其他傳統，依附社會上其他人或非主流團體的常規與價值。

十九世紀末印象派畫家的例子就適用於此。莫內與雷諾瓦確實是要反抗當時的藝術機構——法蘭西藝術學院與其巴黎沙龍，不過卻是藉由與其中的畫家合作，擁護新組成的團體甚至是組織（例如落選沙龍）來達成。透過他們的行動，邊緣文化變成主流，並在二十世紀被稱為新的前衛。

從行動的角度思考創造力，讓我們更清楚地了解創造「如何」發生，那就是個人行動利用並回應歷史文化，最終又對它做出貢獻。如果沒有歷史文化的視角，我們會把創造歷程單純當作個人想法的（重新）建構來分析，而未考慮到其特定來源、表現方式與結果。

事實上，創造指的是在世界上用全新、有意義的方式採取一種行動，這也引領我們思考「世界」在創造行動中所扮演的角色，包含支持、引導，甚至有時也會局限我們的可能性。

檢視日常的行動與互動，最能說明文化在創造力中所扮演的角色。比如，工藝活動便是結合創造性想法、身體、物品與文化傳統，在社會意義上產出新創作物的最好例子。我在先前做過的研究中發現，復活節蛋的彩繪這種創造性活動，便顯示出上述的複雜生態系統。

蛋的彩繪，需要能對文化圖樣與圖案不斷重組，十足純熟的肢體技巧，具備特定材料工具，以及怎麼使用它們的知識（見圖6）。多數人可能不知道，傳統的彩繪並非用筆刷把顏料塗在蛋上，而是用融化的蠟畫出圖案，再分階段（由淺到深）把蛋浸潤上色。原則上蠟覆蓋到的部位，顏色可以被保持住。因此，進行

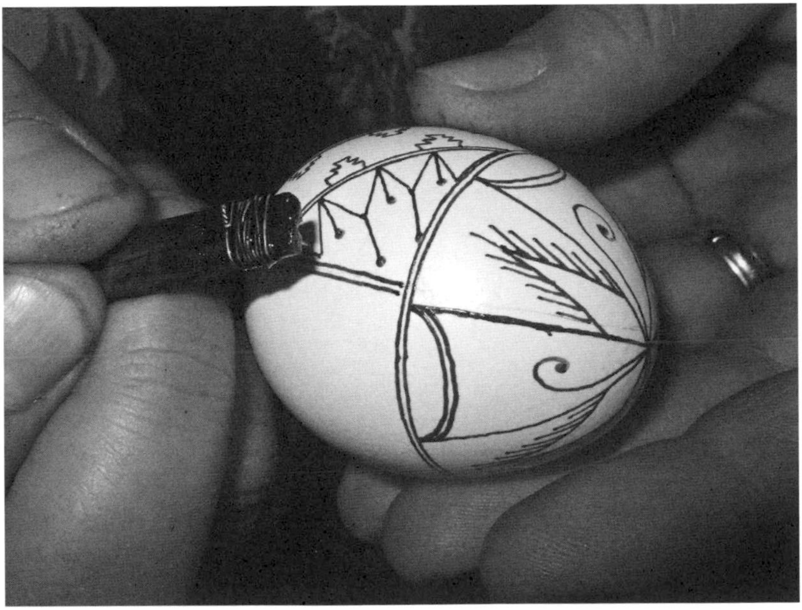

圖 6　羅馬尼亞北部丘克尼斯帝（Ciocanesti）村中，瓦萊麗・朱斯卡（Valerica Jusca）的復活節彩蛋創作。（圖片來源：Vlad Glăveanu）

這種彩繪需要特定的認知能力與練習，因為一開始用蠟繪製的是反面圖，最後將蠟除去，真正的彩色圖樣才會顯現。

與工藝那種較為重複、機械化動作且基本上沒那麼創造性的行動相比，仔細檢視蛋彩繪會發現每個復活節彩蛋都不相同，而這種創造需要具備精湛的手法、傳統與文化等前提。

這個研究也質疑了其他關於創造歷程的假設，像是它發生在不同的連續階段。《思考的藝術》（*Art of Thought*）作者格雷厄姆．華勒斯（Graham Wallas）最知名的，就是在約一個世紀以前提出了創造力的四個階段：準備期（preparation）、醞釀期（incubation）、豁朗期（illumination）與驗證期（verification）。

第一階段是獲取得以創造的所有必要資源。第二階段是忘卻創造工作，轉移專注力到其他事物。這無意識的思緒，醞釀引導出創意想法——頓悟或靈光乍現的瞬間。最後再稍微確認這個點子是否可行或有用，如果不是的話，就再從頭開啟此循環流程。

雖然這讓確認並歸類創造活動的主要階段變得更明確，不過也可以看到上述四個階段並不適用於每種情況。回到蛋的彩繪，準備期不只是設置工作空間，還包含一段時間甚至好幾年的練習，醞釀與豁朗期不一定是分開的階段，而是一個連續性過程中的某些短暫片刻。大多數創意想法是在做的過程浮現，而許多驚嘆與發現是畫在蛋上之前就發生了。驗證的當下無疑還是相當重要——蠟被去除以及最終產物品質被確認的那一刻。新穎的東西往往是在驗證期被獲知，不過，它對於未來的創造來說，又是準備期的一部分。

正是因為這種來來回回、非線性的特徵，華勒斯所提出創造行動的階段，雖然未被推翻，但有人針對過程做出補充。不幸的是，至少在心理學上，後者被認為只不過主要補強了認知方面。本章我會介紹創造行動中不同型態（心理、社會與物質）的歷程，雖然以不同段落闡述，不過基本上是互相交織的。

創造力的心理歷程

對多數人來說，創造力的「起源」，以及它發生的「地方」，是在創造者的大腦或心智中。因此，幾個世紀以來，我們針對創造歷程發展出高度心理學式的詞彙。這些詞彙的焦點主要著重認知與思考過程，這就是為什麼現在我們會說創造力是擴散性、組合性或橫向思考，並把它跟頓悟與創造性概念聯想在一起。雖然這樣的說法大體上過於簡化，但認知與創造歷程仍有緊密的關聯性。如果一項創造力，為了產出新的知識，必須使用到先前的知識，那麼思維與認知必定是其中舉足輕重的部分。

建構創造歷程最古老的方式之一，是基於與想法有關的概念。依據這個觀點，創造意味著結合兩個或更多迥異的想法。想像一下，獨角獸就是在一般的馬頭上加了角；或者做一個香蕉型的包包，就是把袋子和水果的概念放在一起。

其中概念領域差異越大，創意成果越讓人驚嘆。例如，藝術與垃圾不管在外型與價值上，一般都會被遠遠區分開來。不過，藝術家莎拉・古史密德（Sara Goldschmied）與埃莉諾拉・基亞里（Eleonora Chiari）就運用一場派對留下的廢棄物，做出〈今晚我們去哪跳舞？〉這項裝置藝術作品。然而不意外，太有創造力也會不得其所。這項展覽品被美術館清潔員誤當成垃圾丟棄，還鬧上了新聞。某個人的創意聯想，在另一個人心中可能引發完全不同的想法。

組合式創造歷程，基本上是建立於一個簡單的概念，那就是各種想法可結合出一個新的聯想。這引發了質疑：一個想法真的可以和任何其他想法結合嗎？讓想法以更傳統的方式自然地產生連結，不是比較容易嗎？

迪恩・基斯・西蒙頓並不同意這點。在他的「盲目的變異與選擇性保存」（Blind Variation Selective Retention，BVSR）模型中，假定在結合的階段是「盲目」與隨機的。想法在思維中如何互相衝撞、混合，並不在我們的控制之中，經常會產生真正出乎意料的結果。而「馴服」（tame）這個原始過程，則是發生在選擇性保存的階段，顧名思義，這些組合只有在展現出潛力（無論是比較有意義或較為務實可行）時才會被保留下來。

於是，我們在心中不斷創造新的想法，但大多時候只會記住對我們具有某種意義的那些。雖然這種組合的過程有多「盲目」仍待討論，特別是考量到文化規範往往賦予概念某種既定模式及可預測性的事實。

另一個版本的創造力認知模型是由羅蘭．芬克（Roland Finke）、湯瑪士．沃德（Thomas Ward）與史提芬．史密斯（Steven Smith）所提出的「生成探索模型」（Geneplore model）。這個名稱本身就是兩個詞的組合——生成（generate）與探索（explore）。根據三位作者的說法，在創造歷程的這兩個相互依存階段中，我們會不斷產生想法並迅速探索它們，而引發新的想法及新的探索。在此模型中，想法被稱為「前發明結構」（preinventive structures），以便表明在被恰當探索並驗證完成前，它們都只是具備創造性潛力，但還不是真正的創意。

生成與探索兩個階段是整合的，也就是持續互相餵養，使得初始的概念得以更聚焦或擴展。雖然產物的局限被認為很重要，畢竟某種程度來說，我們能做的或希望達到的都有極限，不過這個架構仍然是過於認知性，而且大大忽略了創作歷程中的實體性。前發明結構並沒有被描繪在紙上或用黏土做成樣本，而只是心理上的狀態。再次說明，這個過程只是處於頭腦中，而不是在我們的手上，同時也不是在這個世界上。

同樣的批評也適用在擴散性與聚斂性思考的概念上，如同我在第三章所述，擴散性思考牽涉到針對一個開放式任務，提出若干解決方案或答案。相反地，聚斂性思考則歸結出單一的正確答案。雖然前者肯定與創造力有關，不過有越來越多的證據顯示，聚斂在創造歷程中扮演了某種角色。

說到底，「盲目的變異與選擇性保存」以及「生成探索」兩種模型都假定，在開放性探索（盲目的變異與生成階段）階段與縮小聚焦（選擇性保存與探索）階段之間是動態的。擴散性思考對創造歷程最大的貢獻，或許就在創造性想法的評估。雖然我們可以大量發想一個問題，這也是腦力激盪的主要功能，不過，最終我們仍然需要從中選出一個最佳解決方案。

到目前為止，還有一個創造力的認知面向尚未探討，那就是頓悟。頓悟與華勒斯四階段模型中的靈光一閃或「啊！有了！」的瞬間互相對應。那是一個即時攫取到解決方案的瞬間，尚未探索任何擴散路徑，或者至少它並不像是那樣得來的。因為頓悟以「不知從何而來」聞名，研究顯示事實上我們在找到意料之外的解決方案前，經常就已經先產生局部或微小的頓悟。只是因為我們把焦點放在最終驚喜的結果，而不太記得先前這些過程。

雖然創意的頓悟不像擴散性思考那麼容易訓練出來，不過還是可以透過一些方法，像是解決洞察力問題與對意料之外的方案敞開心胸等，讓我們在生活和工作上迎接「靈光乍現」的時刻。如上所述，這些大多都還需要進一步探索與選擇，因為儘管它們都令人欣喜與驚嘆，並非所有的頓悟都同樣有用處。

最後，我們應該問問自己，創造的心理歷程是否都基於認知或思考而來？當然不是。事實上，我們的點子會因為某個時刻為了某種事物興奮或憂慮所產生的情緒，而更加鮮活（見第二章）。

此外，如果創造力的潛在動力是組合性的，那麼點子的聯想通常不是順著理性而是情緒。透過概念與概念間字義上的關係，讓某種東西以某種特定形式，與另一種東西產生關聯，這在創造工作上從不管用。如果可行的話，我們就能根據兩個概念間的字義關係，推斷會產生什麼樣的聯想了。不過在我們心中，其間是怎樣的關係，歧義是相當大的，有賴我們對這些想法及它們所指涉事物的感受而定。比如說，一個愛吃冰淇淋的小孩，逛動物園時把冰淇淋與看到的狐獴連結起來，而有一天他就想像狐獴形狀的冰淇淋會是怎樣。不用說，不管對小孩或成年人來說，這都是個罕見的想法，因為兩者是字義差距很遠的概念。

創造力的社會歷程

上述提到的所有歷程，本質上都是極度個人化的。即使我們的思維與情感被視為來自與環境的互動，這些互動是被當作創造力的背景而不是放在中心點。而對創造表現來說，有個極為重要的特定過程，那就是與他人交換意見。不僅是因為我們經常與他人合作進行創造，比如我們以團隊形式運作，而且多數時候需要他人的知識與技能，來把原初的想法轉變為實質的成果。結果就是創造的成果有勞社會中不同人士的分工合作，在一個廣泛的集體創造的歷程中，不同族群的人對不同的部分做出貢獻。

而且，即使是孤立狀態的創造，創造力的社會面向都還是發揮作用。這個見解可能比較難掌握，不過試想看看，我們是如何受他人影響，就算當下並未與對方同在。我們都「背負」著來自家庭、朋友、師長，甚至是批評者與競爭者的觀點。在這個段落，我們來探討這些是如何影響了我們與他人合作，以及獨自從事的創造工作。

首先，我們更仔細地看看人們是如何一起創造的。正常來說，團體工作應該是由具備不同類型知識、技能與觀點的人，針對某個問題與情況，對創造成果做出貢獻。在此條件下，大家會期待越異質的團體越能達成創造性的成果。不過，實則不盡然。從我們自身都有過的團體工作經驗便知，事情有時進展順利但有時成員之間會關係緊張，甚至產生衝突。

換句話說，除了每個人的心理動態，我們也必須把成員間的關係這種社會面向考慮進來。運作和諧的時候，這些關係能夠進入心流的感受，有利創造力。不過也可能導致集體性思維或者彼此附和的慣性，形成一致的群體認同性。關係緊張有好有壞。意見不同實際上是創造力的主要動力之一，因為它迫使成員考慮他人的觀點，並從他人的眼光來檢視自身的看法。不過當它演變成衝突時，彼此的開放性又會有所妥協。

艾力克斯・奧斯朋（Alex Osborn）在一九五〇年代創造出腦力激盪的作法，其假定是受到他人批評，即使對方出於好意，對創意發想都是有害的。它讓人進入創意的評斷模式而非生成模式。

或者，根據「盲目的變異與選擇性保存」模式，過度聚焦在選擇性保存，會使高原創、盲目變異的想法產出的機會降低，為了排除評斷的壓力，奧斯朋在腦力激盪中，強制訂定了「不評斷」原則，這乃是預期「量會帶來質」。基本上，大家產出越多點子，越有可能至少某些會是有價值的（透過後續階段評估）。

腦力激盪的作用，是透過聽取他人的點子來刺激每個人的靈感。不過實證研究很快就發現，這種運作方式也有許多缺點。首先，因為必須傾聽他人，大家可能會無法聚焦或忘記自己的點子。或者更糟的是，他們可能會找不到自己的表達空間。這種現象在文獻上稱為「產出阻礙」（production blocking）。此外還有其他風險，例如，我們可能會被他人的思考設定牽著鼻子走。遵從或者不自覺湧現的群體共識，會把我們帶領到危險的集體思維之境地。如果是這樣的話，該怎麼辦？

雖然實驗研究顯示，個人獨自工作經常會比團體工作產出更多更好的點子，這並非屏棄團體工作或腦力激盪的理由。事實上，上述研究通常會使用人為的設定與任務（像是詢問大家可以舉出多少種磚頭的用途，這類不考慮參與者背景與動機的一般擴散性思考任務），並要求彼此不認識的人僅僅合作十至十五分鐘。

現實生活的背景與此不同，例如，在工作場合中，我們通常知道自己是和誰合作而且具有一起工作的歷程。我們從事的任務也都有特定意義，並且通常跟我們的專長與興趣相符。換句話說，能找出更有創意的解決方案比較重要，而對合作者多些了解，可以增進這種表現，包含腦力激盪階段。

社會歷程到底能對創造力有什麼貢獻，這仍然是個問題。團體成員間的動態會決定點子如何被提出、接受或拒絕，但對點子本身有幫助嗎？為了理解這點，我們必須考慮人們在互動之中究竟交流了什麼。他們不只是提供具體的想法，還分享了處理手邊問題的觀點與方法。

例如，對一個家長來說，完美的玩具是指安全又不太會製造噪音；對孩童來說，卻是色彩鮮豔又能發出巨響的。站在設計師的觀點則認為，用料品質及環保最重要。最後，醫生會在意為年幼孩子生產的玩具之中的化學物質。透過這些觀點的表達與意見交換（包含可以接納別人的觀點），完成所謂的透過交流達成創造成果。

於是，觀點取替（perspective-taking）與對話成為在創造表現中關鍵的社會歷程。這補足了先前討論到關於想法的組合與擴散，頓悟與評斷時的缺漏之處。確實，如果我們把「觀點」換成「點子」，而且考慮到它們都有其社會來源與影響的事實，就能了解獨自工作時，我們如何與自己已內化的他人觀點對話。當我有幸能寫下這些文字，用有點創造性的方式介紹創造力，我便不斷想到作為讀者的你，猜想對你而言重要的是什麼，或者哪裡會讓你感到困擾。之所以想辦法這麼做，是因為我自己也是個讀者，包含自己及他人的作品。因此，基於我的社會經驗，接收了不同的觀點（希望有完善接收），並在它們的協助之下創造出新的文本。

創造力的物質歷程

「創造」還有一個比社會層面更少被納入的面向，至少在心理學上是如此，那就是物質性。這點更令人驚訝，因為如同我在第一章與第三章所提到的，創造力是基於創造產物而定義。我們透過考慮成果的新穎性、原創性與價值感，來確認其為創造歷程。

這些成果可能是一個概念，不過也很常是物品。不管是哪一種，創意都以語言或者製造行為來達成一定程度的物質化。最終，透過某人親手做出某種東西，是典型創造力的表現方式。這種物質歷程指的是什麼呢？

其中一個凸顯的面向就是「摸索」。不管在哪個時代，有創造力的人總是在探索他們的環境，並以產生新頓悟與新作法的方式，對待環境中的某些東西。實驗或反覆試錯，是實踐創造力的具體行動中的基本過程。這種型態的探索可能被某種目標驅動，或者對於會做出什麼採取完全開放的態度。接納（欣喜的）意外及不預期的結果，幫助我們發掘自身周遭事物的新面貌或新用途。就這樣，無論是獨自或與他人合作，機緣巧合都是物質歷程的一部分。新的觀點有可能在我們與其他人或物品互動時發生。這些新觀點改變了我們對手上任務或問題的態度，協助我們用一種新的眼光看待它。

但是我們在擺弄這些物品時到底發現了什麼？創造力的一個重要特徵就是預設用途（affordance）[5]的概念。這個詞彙最早是由吉布森（J. J. Gibson）所創造，預設用途基本上是指，我們周遭之物可供我們運用來做什麼（它們可為我們的行動承擔什麼）。

舉例來說，杯子可供我們用來喝水，鉛筆用來寫字，手電筒可供照明。然而，這些並非該物品一般通用的屬性。杯子如果破了就不再能盛水；鉛筆若沒削也無法真正在紙上留下痕跡；手電筒若沒有電池，就不會產生光亮。而且也都需要人們來使用它們，才有辦法發揮作用。

這些物品上述的預設用途只針對人類發揮作用，沒有手或手指的動物就沒辦法握筆，更別說用它寫字。嬰兒也還無法辨認這些預設用途。又或者，成年人在全暗的房間，無法看見桌上有手電筒，也就無法利用它可供照明的特性。大家立即會發現文化在此處產生的作用，如果一個人身在沒有生產手電筒的文化中，就無法運用其預設用途，除非透過摸索意外發現。

總結來說，預設用途並非存在實體物品「裡」，它們有賴物品特性與人們的使用能力間的關係，這兩者都必須從更廣泛的文化來看。因此，預設用途並非「天生的」，雖然人類可以立刻覺察出其中一些（例如，一般來說我們會視眼前

5 譯註：亦稱可供性或可利用性。

的東西屬於液體或固體，判斷是否能踩上去），不過，多數的預設用途還是學習而來。我們必須知道不同東西的用途，才能運用它們的預設用途。在這方面吉布森指出，不知道信箱和郵局是什麼的人，就無法寄信（或寫信）。

這一切與創造力有什麼關係？是這樣的，上面我提出不同物品的特定預設用途的例子，這是其中的核心。杯子是用來喝水的，但它也有許多其他用途。大杯子在風大時可用來固定紙，可當門檔或成為像是珠寶這類小物品的容器，雖然我們平常不是這樣運用杯子，但不表示不能如此，特別是正好需要的時候。這就是創造力的作用。它指的是略過物品規範或主要的用途，以便發掘其他意料之外用途的過程。例如，一位藝術家若在創作中受物品激發靈感，或許就會在一個普通的杯子或手電筒上簽名，並稱之為藝術作品。

創造力的物質歷程，是要我們開發全新的預設用途並加以運用，不過無法脫離創造的心理與社會層面。我們賦予物品的意義，以及其用途的文化規範，對具體的構思與探索都很重要。

最後我們可以總結，創造的方法同時仰賴心理、社會與物質因素，而且多數時候它們是相互依賴的。在創造力的綜合動力中，發生在心理層面，必須透過社會互動，以便獲得與他人在交流中所傳遞的觀點與想法。這新的觀點可能是受他人啟發，也可能是在把玩物品的過程中，意外發現新的預設用途。

創造性的行動也有賴已經完成的事物。例如，一開始需要特別努力去做的事，隨著時間多練習會成為習慣。這並不表示他們失去創造能力了，比如，技藝高超的音樂家練習足夠多遍之後，演奏變成如例行公事。然而，這樣的例行動作並非全然是自動化進行的，音樂家隨時都在處理微小的困難與障礙，畢竟這是他們成為嫻熟的演奏者的原因。一開始提到的復活節蛋彩繪者，也是這種類型的另一個絕佳案例。

這種日常、演練過的行為之基本創造能力，過去我稱為「習慣性創造力」（habitual creativity）。它與即時、沒排練過，也就是需要即興做到的解決方案之案例不同。即興的創造力特色在於，我們被困境阻斷行動，必須去克服。當我們做出有意識的決定，有創意地克服挑戰，就進入革新性創造力的領域。然而，這樣的選擇必須依賴時間與心力來處理，也要有鼓勵創新，並認為這麼做是安全或能承擔風險的背景脈絡。接下來我們要探討的，就是這種背景脈絡，也就是發生創造力的時機與地點。

第五章

創造力發生的時間與地點

到目前為止，我們分別討論過創造者、創造產物與創造歷程，每一回也都強調背景脈絡——物質、社會與文化，所發揮的重要作用。比如，我們歸結過，任何創造者的研究都不該只聚焦於個人的貢獻，還要考慮這些貢獻也是在特定環境中孕育出來的。必須了解創造成果需要有背景情境的支持，更別提新穎、原創與價值是仰賴社會文化脈絡而生。最後，創造歷程不只是心理上，同時也是社會與物質面的。這表示創造力是發生在人與地方「之間」，而不是「之內」。

不過，光是主張背景很重要是不夠的，我們還需要知道它是如何發揮重要性。在這一章中，我會探討創造力的時機（時間），以及社會物質（地點）層面的脈絡。

我想先提出的是時間、空間及他人，對於創造者、創造產物與創造歷程所發揮的影響力，絕不是外部的背景或一組因子而已。「何時」與「何處」是創造現象不可或缺的一部分，因為它們為創造行動提供了可行之道，設下標準，並且引導其進程。

一個簡單的思維實驗可以證明這點。想像一下創造力其實只發生在創造者的心中，而這個心智是在實體、社會或時間脈絡之外，基本上不在時空之中。那麼這個創造性的心智，究竟要如何獲得構成創造性概念基礎的感覺刺激（例如，影像、聲音、味道）呢？可以說，如果沒有身體接觸外部環境所產生的感覺輸入，就不會有任何組合與重組可言。

再者，也不會有周圍其他人可以與它互動。也許有人會覺得這不見得是壞事，因為有許多創意點子都是在我們獨處時發生的。不過，事實上，沒有其他人存在，同時意味著沒有語言與文化。在創造歷程中我們所追求的意義，包含我們為創造的東西賦予的意義在內，也就不復存在。到頭來，這個孤絕的心智將會無法知道有個創意性的思維發生了，更別說欣賞它的價值。這些全都得仰賴背景情境才行。

若是背景情境如此重要，就表示創造歷程很大程度取決於創造者所處的時間與空間。舉例來說，我們在家中、學校所表達的創造力，與在工作場合上會不大一樣。更廣的來說，活動的領域至關重要。正常情況下，藝術家和工程師的創造行動就很不同。進一步來說，我們在孩提時候所表達出的創造力，不同於成年後的作為，到了老年時期所展現的創造力也大不相同。

這些觀察聽起來都煞有其事，它們是支持創造力有領域與年齡之別的觀點，不過也有創造力的研究者相信各個領域仍有普遍性。這些研究者一般會點出，有些人具備創意技巧或在生活上有某些創造性的主張，正常情況下，在家中或工作上都會展現出來，不管是創作一首詩或者對應一個數學難題，也無論是在孩提時候或者成年時期都一樣。換句話說，有些基本特質與流程（如擴散性思考，若不記得請參照第四章）是跨情境與跨領域的。

哪種說法才是對的？許多方面來說，領域普遍性與領域特定性的主張都有道理，全看討論的是創造力的哪個角度。我們當然可以列出對所有創造性行動可能有用的特質，比如對經驗的開放性與對不確定的容忍度。不過，有更多角度需要視情況而定。再次強調，情境脈絡不只是創造力發生的背景，而是其中很重要的一部分。這才是創造力「普遍」的真相。

詹姆士．考夫曼與約翰．貝爾（John Baer）提出的「遊樂場理論」模式（The Amusement Park Theory；APT），也許是了解創造力與領域特定性大有關係的最著名架構。該名稱的由來，是把創造比喻成去遊樂場玩。

首先，進入遊樂場一般會有幾個要求，例如，花錢買票等。轉譯到創造力來說，就是需要一定程度的智力、動機、個人特質與有利的環境。擁有這些最低條件後，還要做一些選擇。

第一，是你想去哪種類型的遊樂場。接著，在這類遊樂場中選出一個要實地拜訪的，然後決定哪一天前往，以及當天在遊樂場要做什麼事。此處便是考夫曼與貝爾所說的創造力的主題區、領域及小領域。如果舉藝術創作為例，主題區就是藝術，領域可能是視覺藝術，而小領域就是被創作出來的畫作、影片或裝置作品。其中的每一項都會影響到創造歷程，並且決定了要以哪種標準評斷其成敗。

有意思的是，說到領域，人在所屬的專項上自然比其他更具創造力。例如，某人自認是藝術家，我們一般會認定這個人至少有創作潛力。面對數學家時，我們可能不會覺得他需要具備藝術創造力。說到底，人類活動的所有範疇都仰賴創造力，即使有些地方會推動它，有些則會局限它的發展。

從這方面來說，西方世界一般會認定新穎與原創性比實用性更有價值，所有突破傳統與激進革新的領域，都隨即被劃分為創造性的領域。相對地，東方文化會把發揮在漸進式改變的創造力視為有價值，樂於見到延續傳統而非破壞它。第一種是面對藝術領域時的典型反應，第二種則是對於工藝與技藝的反應。如同我們在第四章談過的復活節彩蛋的例子，傳統工藝當中也具有創造性的歷程。最終，這項創意的能見度與接受度，取決於文化背景。

不過，所謂的背景脈絡，不僅是一個社會與文化環境的規範、價值與制度，原則上是由人、地、物所組成。從創造者身處的環境，包含像是家庭、工作場合，到遠一點的環境如所屬的街坊或社區。說到工作場合，研究有創意的人怎麼處理事物也很有趣，他們收集什麼，怎麼擺放東西，允許什麼人及何時來拜訪等。而藝術家的工作室，就是大家心目中典型創造力發生的地點。

舉例來說，羅馬尼亞雕塑家康斯坦丁・布朗庫西（Constantin Brâncuși）被很多人視為現代主義的先驅之一（參考圖7）。他位於巴黎的工作室，在龐畢度中心對面被重建，這個工作室裡除了創作工具與素材，也陳列了雕塑與其他藝術作品，包含已完成的作品與半成品。不可否認，這些東西堆放其中，都是為了激發創造者，即使在外人看來，多數藝術家的工作處都亂糟糟的，會讓人無法好好工作。

然而研究顯示，有創造力的人不僅被自己的作品激發，也尋求並保留他人的創作。這就是為什麼當談到更廣泛的環境時，確認這些藝術家（甚至設計師、科學家與發明家也都是）所處的實質空間相當重要，那是他們與同儕見面、討論，意見或作品交流的地方。

圖 7 〈波嘉妮小姐〉（*Mademoiselle Pogany*），康斯坦丁．布朗庫西作（圖片來源：© Succession Brancusi—All rights reserved. ADAGP, Paris and DACS, London 2020. Photo © Dorothy Alexander / Alamy Stock Photo）

如同第三章所說的，黃金時代取決於是否具有楷模人物，以及大量累積的創作品。在這些可預期的交流之外，一個人有機會融入特定的社群，特別是非主流的群體，對於頓悟與創意點子的挹注都會有幫助。眾所皆知，羅德列克（Henri de Toulouse-Lautrec）[6]便經常流連妓院，並描繪那裡的女人的日常生活。邊緣角落孕育出非正統的情景，而這些又嘉惠了注意到它且懂得善用的人，滋養了他們的創造力。

創造力與時間

創造力與時間的關係，本質上來說真的非常重要。不只是創造需要花時間，而且創造性的行動在它所處的時代是比較容易被人理解的。有好幾個時間的面向都需要納入探討。

6 編按：Henri de Toulouse-Lautrec，法國後印象派畫家。

其中最廣的一種論述是種系發生（phylogenesis），指的是物種的發展。事實上，如果說創造性從一開始就是人類特有的優勢，那麼我們現在討論創造力，應該就要追溯到更久遠的過去，包含始知用火，動物馴化，農業的誕生，房屋與城市的建造，語言的發展，口語及書寫，藝術的萌芽；從畫在洞窟的塗鴉，到用來美化人類使用的各種工具。當然這些創造性的行動歷經數百、數千年時間的演進，不斷演練和優化。今日它們或許都被認為是基本、原始或尋常的東西，不過沒有它們，人類文明就無法展開。

有鑑於生物上我們與直系祖先並沒有顯著不同，「智人」出現在三十萬年前，我們可能會覺得奇怪，明明現在時不時就有新發明，為何第一個創作花了那麼久的時間才出現。我們的腦容量並沒有更大、效能也沒有更好，所以肯定就是環境造成的差異了。人類文化是累積來的，也就是說其中的成員可以依賴先前世代留下的創作物或知識。現在的孩子不需要重新發明輪子，或自己重新發現科學理論，就是因為這豐富又充滿刺激的環境，以及教育理論與實踐的進步，我們得以站在巨人的肩膀上進行創造。

種系發生的研究，是把近期的創作品放在一個更廣的、物種與物種相對的背景上來比較。不過，生物限制與演化趨勢對於我們了解「現代的」創造力有其局限，所以另一個時間線——社會發生（sociogenesis）便至關重要。基本上，社會發生指的是社會的演進與人類歷史的紀錄。哲學與宗教的誕生，藝術與科學的發展，政治組織型態的變遷，以及文明的茁壯、巔峰與沒落，都是其中的一部分。社會發生雖然是比較「近期的」（約西元前四千年的信史時期起），卻是了解今日創造性領域的樣貌與內容的重要依據。

舉例來說，藝術史知識對任何當代藝術家來說都非常重要。不只是因為現在的技術、工具及靈感來源，都受到多元文明（如埃及、希臘、日本、法國）的影響，而且為了了解何以一個當代藝術家不太熱中「如實」描繪現實，我們就得考慮這段長遠歷史中的重大斷裂。

如果是在兩個世紀前，也就是攝影發明並普及之前，評斷一個畫家，會著墨在他們是否能把人物或景色描繪得栩栩如生。接著從強調情緒與感受特徵的印象主義，歷經抽象幾何風格的立體主義，到了二十世紀，藝術界出現全新又激進的意識形態。十七世紀荷蘭的藝術大師恐怕無法看懂現在的藝術。不過，不同的時代之間還是有實質的連結，比如當代藝術與古埃及象形文字及林布蘭運用光影的技術，都能找到共同點。社會發生因此包含了這些連貫與不連貫的部分，並且為每個新的創作提供社會性的背景，藉以評斷什麼是新奇、重要、突破或諸如此類的創新。

到目前為止，我們大多討論成年人的創造力，那些通常能留名於史。孩童與老人的創作呢？當我們考慮到個人發展時，另一種時間面向的論述就產生了——個體發生（ontogenesis）。無疑地，在不同的人生階段，人們的創造表現會有所不同，包含內容、歷程與成果都有差異。也就是透過關注這些差異，讓我們得以了解關於創造力的某些本質。

例如，研究它在兒童早期是如何開始的，能使我們對成人的創造表現（或缺乏）多些了解。一般認為，人在一歲半到兩歲左右，透過假裝在玩的方式初次展現創造力。當孩子能夠運用字彙與意義來描述現實時，從此就改變了與現實的關係。孩子在受到東西該怎麼認知、怎麼使用的限制之前，會重新命名、重新定義眼前的東西，「彷彿」它們本就是不一樣的東西。

舉例來說，小木頭可以變成車，香蕉可以當成電話，繩子被當作是蛇。這些假想並非真的把它們跟真實物品混淆，而是在意義與文化的協助下，對物品發展出更彈性的連結。而且又把我們帶回社會發生，並顯示此處所討論的時間性是如何交織在一起。

上述內容中，我提到了把香蕉當成電話，不過事實上，老式話筒如今已急速地被平面化的手機與智慧型手機所取代，孩童的創造力與遊戲必定也會反映這種變遷。

成年人的創造力也是如此，只不過我們可能會喪失孩提時的某些彈性和有趣的表達方式，因為成年人容易去顧及社會和文化的規範、價值與限制。後者會做出比較受歡迎與有價值的成果，不過也會缺乏孩童創作中的那種即興與原創性。當人們逐漸年長，創造力不見得跟著下滑。事實上，老年的創造力多少還是有可能性的，主要視所處的文化而定（必須明白的是，集體主義文化比個人主義文化更尊敬長者），也視活動領域而定（有些領域如科學界的人，就比藝術圈更容易在晚年做出重大發現）。

最後，說到創造力與時間，還有微觀發生（microgenesis），或者說創造行動發生的所有瞬間。若回到畫家的例子，指的就是逐步在畫布塗上顏料的那些過程。以孩童的遊戲來說，體現在先選擇玩具，接著去玩它中間的那些步驟。微觀發生的放大檢視及分析，就是多數創造力學者在研究創造性的歷程時試圖努力的。哪裡是開頭？有哪些不同的階段？如何從某處進行到另一處？其中許多問題我們在第四章已經討論過了。

此處有個我們需要額外注意的部分，是跟時間流逝有關：未來行動的條件，每個時刻都由先前完成的行動所決定。這在藝術家的工作上顯而易見，就發生在每次他們往後一站，看著已經畫好的部分並忖度接下來該怎麼進行時。藝術家也會運用他們的生活經驗及藝術專業做出評斷。同樣地，孩子的遊戲是在重複先前玩過的主題與情境，包含在家裡、幼兒園或電視上看過的。最後，微觀發生是由個體發生構成，個體發生又取決於社會發生與種系發生。所有內含的這些時間脈絡，對創造表現都至關重要。

創造力與空間

時光流逝，主要來自我們察覺到環境中空間與事物發生了改變。在創造力的研究當中，實體環境很少受到關注，這是因為本書所討論的普遍假設——創造主要是一種心智活動。不過就如同我在此處也主張，創造力不只可以實體化，而且創造歷程不但在心理上、也在物質層面發生。事實上，如果沒有頭腦、身體，以及物品與其預設用途所組成的環境，我們也無法探討心理上的歷程。

關於實體環境及其對創造力的影響雖然研究不足，工作場所與人體工學相關領域卻做了這方面的研究。比如，揚．杜爾（Jan Dul）與哲南．席蘭（Canan Ceylan）的研究指出，某些工作上的物質條件與創造力的表現有正相關，包含辦公家具的安排，室內植物的擺設，讓人平靜與激發創意的顏色，窗外的自然景觀，光線品質與日照狀況，溫度與溼度，正向的聲音與氣味。雖然每個條件影響了什麼，還需要更深入的探究，不過很有可能是這些條件聚合起來時，影響創意人士的心理狀態與幸福感。不僅如此，杜爾與席蘭的研究還顯示，最重要的是工作中與人事物的互動（例如：挑戰性的任務，良好的團隊合作，具有自主權，循循善誘的主管，充足的思考時間，設立創意目標的自由度，以及達成目標的誘因）。

值得我們注意的是，這些有利創造力的空間，在社會與物質兩個層面並非分離的。事實上，一個有利創造力的實體工作環境，像是具有足夠的空間，可四處走動，也供偶爾獨自僻靜，又方便與人交流和合作，通常是管理者的精心安排。他們這麼做是出於重視員工，因此營造出一個能激發大家的創造力，並促進彼此合作的場合。在這樣的情況中，企業和組織的規範與價值也十分重要。最終，這種讓人與人得以合作，以實體環境發揮作用的精神，會自然而然地更廣泛刻劃在工作與組織文化之中。而這些也不待明確指導，就在員工的做事方法及成果中彰顯出來。

當然，組織文化也是比它更大範圍的區域、國家與世界文化的一部分。吉爾特．霍夫斯泰德（Geert Hofstede）以研究不同國家背景觀點下，所呈現的各種工作文化而聞名。

他設計出不同的指標，包含權力距離、個人主義與集體主義、不確定性規避（uncertainty avoidance）、男性特質與女性特質、長期取向與短期取向等。目的是透過這些來假定，與權力距離較小（官僚結構較小）的環境，或者不確定性規避較小（較易接受意料之外的事）的環境，比較有利於創造力。這也會取決於我們如何定義創造力，以及我們比較在意的是什麼。這些環境可能會製造出比較冒險或激進的創新，而不見得懂得欣賞順應環境、漸進式的創造力。不同文化的規範與空間，會誘發出不同的創造歷程與成果。

不同的創造領域也是如此。在歐洲文藝復興時期，科學與藝術雙雙蓬勃發展。隨後啟蒙時期（科學）與浪漫主義時期（藝術），在發展上就有差異。而在中世紀許多科學研究不受鼓勵，如天文學與物理學；相對地，會讚揚與上帝相關的創意，包括壯麗的大教堂或禮拜堂，這類的建造就很受看重。舉例來說，在印度，性靈領域的創造力，就受到在印度次大陸上的許多宗教、節慶與修行活動所滋養。這點在普遍來說較在意世俗生活的西方社會，便不是那麼重要。換個角度來看，科技與人工智慧領域在世界各地都頗受推崇，東西方皆然。

除了鼓勵（或不鼓勵）某個特定領域的創意活動之外，更廣泛的文化背景也形塑了日常的空間，像是居家、學校、工作場所及一般性的公共場合。以孩童的例子來說，關注居家與學校中哪些條件有助創意表現，讓我們更了解孩童的生活；這也顯露出創造力與空間當中一些有意思的事。

不同的生活背景，夾帶著不一樣的實體、社會與（微型）文化配置。這些都可以聯合起來刺激出創造力（至少是某種型態的創造力），又或者導致與本來想培養或想要的不相稱之成果。有些孩子被送進強調創意教育的學校，在家的作息表也都是激發想像力與創造力的活動，這就是前者聯合刺激的例子。可以想像，家長與老師若對如何評估創造力，以及如何刺激創意表現持不同意見，就會發生後面不相稱的情況。

過去二十年來，由於社群媒體與迷因文化的崛起，不管是對年輕人或成年人來說，都打開了一個展現創造力的全新空間。在網路環境中，使用者可以隨心所欲地創造自己的個人檔案，前所未有且無遠弗屆地與他人互動，也不斷改寫我們對創造意義的了解。從今日的網紅到用來發動抗爭與革命（如阿拉伯之春），我們已經無法忽視線上互動環境，對於創造力的人事時地物各方面之影響。這部分一定有其積極面，比如創意點子與新計畫，得以用眾募展開。與此同時，網路社群上的霸凌、假訊息與陰謀論也說明著，惡意的創造力同樣能藉由匿名坐大滲透到網路上。

創造力與受眾

創造力的時間與地點，若沒有考慮到其他人所扮演的角色就不夠完整。我稱這些人為「受眾」（audiences），以凸顯他們是創造活動中一個基本要素的這項事實。如同第四章所談到的，在創造力的社會歷程中，我們根本上是和他人一起創造，透過接收他人觀點、與人交流，促使自己走上創造性行動。受眾包含家人、朋友、伙伴、競爭者、批評者，以及大C或者歷史上的創造活動，還有一般大眾。因此，在這個段落我們會更深入探討，何以他人也是創造力的一種背景脈絡，而且還讓創造力更上一層樓？

說到創造性的成品，其他人所扮演的主要角色之一就是評價者。無論他們的評價是隱晦或間接（像是老師提出建議，勸進或勸退某些學生從事藝術創作），或者直接而明確（藝術競賽上評審的評分與評語），對一個人的創造成品與未來的創造歷程都有很大的影響。實證研究已經顯示，在創作時受到他人觀察與評價會產生負面的影響。在評價與獎項降低內在動機的情況下特別明顯（詳見第二章），或者只是對創造者增添額外的壓力。不過，別人的回饋也可能具備建設性且有用，許多時候我們甚至無法想像，如果沒有他人的幫忙、評論與指導，創造力要怎麼進步。

我們經常需要說服他人相信，我們的創造歷程與成果有價值。這裡所謂的他人，從可評斷創造力的權力與社會定位來說，指的是守門人。他們所扮演的基本角色是挑選出可被展示、獲獎或發行的創作品，包含從藝術、設計到科學與發明等不同領域。

米哈里．契克森米哈伊（Mihaly Csikszentmihalyi）在他的創造力系統模型中，給了守門人一個關鍵位置而聞名。對他來說，要全然了解創造力這個現象不能只看個人，也要考慮不同的受眾、守門人（領域），以及創造者想挹注的那個（領域）文化。創造力發生於個人、社會領域與文化領域之間的動態關係中，創造者試圖說服各界相信其創造物對該領域來說是有價值的。

不過這比較屬於創造力的社會脈絡，而非專指守門人。最終，大多數我們所投入的創造行動，並非為特定的文化而做，也沒有明確的評審會來評斷它們。比較常見的是，其他人只是看見了這項創造品，並去了解它的意義而已。事實上，其他人在創造產物扮演的一個基本角色與意義形成有關。特別是當一個創造品的用途還不明時，或者更常發生的是，受眾是被捲進其中，透過他們所做的詮釋，來宣告這項創造行動「完成」。它幫助創造者與其他人，以新的眼光看待創造成果，從而替所有牽涉在內的人更新資訊。

時至今日，我們怎麼會把像〈蒙娜麗莎〉這樣的古老畫作視為有創意呢？它們絕對不再新奇，也很難說是全然的原創，因為眾多作品都與其相似。〈蒙娜麗莎〉一定富含無以倫比的精湛技藝，讓幾個世紀來的藝術守門人認為，它有高度的創造性與價值（包含達文西，據說他花費多年時間，帶著它四處遊走並持續繪製）。賦予這幅特定畫作巨大的創造力潛質的是，它對世世代代的觀賞者帶來的靈感，以及他們隔著時代對它做出的各種新詮釋。這些創造行動包含了想像〈蒙娜麗莎〉背後的故事到網路迷因的二創，使得它被放置在新的歷史脈絡中，並被賦予了新的價值。

受眾的任務不只是重新詮釋一個創造成果，他們還使用這項成果。而且在這麼做之後，又發展出新的、有意義的東西，為原本的成品繼續加料。這就是使用者創新的核心歷程，也是今天創造力最重要的發源地之一。這樣的創造力也被近幾十年來「自己動手做」（DIY）文化所增強。越來越多人對自己做料理、衣服、工具、音樂以及修繕感興趣。使用現成的創造品，開啟了各種變革的可能性，無論是有意為之或不經意的。舉例來說，使用者選用自己想要的特性打造出獨有的電腦，在現有技術的基礎上開發新型態的社群媒體，以原創方式改裝自己的車，以及創造各種街頭流行。

在許多方面來說，便利貼就是使用者創新的一個典型實例。一九六八年，任職3M公司的史賓賽．席佛（Spencer Silver）開發出一種黏性不強的黏著劑。其實他本來想生產黏性強的黏膠，所以這算是個失敗的嘗試並被棄之不顧。然而，他的同事卻把它留下來，並一直記得這項產品。

一九七四年，據說其中一個同事亞瑟．富萊（Arthur Fry）在教會合唱團唱歌時遇到一個實際的問題，他想要在讚美詩集上固定住書籤，但不希望損壞頁面，此時他想到史賓賽的黏膠可能有潛在的用途。不過便利貼並非在那個當下誕生，之後又過了幾年時間，其他從不同受眾（如祕書）灌注的想法，讓亞瑟這項直覺發展得越來越成熟。現在我們已經習慣使用便利貼，而無法想像工作與生活中少了它會怎樣。這一切並非單獨來自一人，而是有好幾個創造者，其中有許多人剛開始只是使用者。

總結來說，受眾、時間與空間都是創造力背景的一部分，沒有這背景就別談什麼創造了。我們不只是需要時間、空間與他人，以便進行創造，這些背景元素還攜帶、擴大甚至延續了某人的創造行動及創作物。我們應該要避免的是，認為有特殊的時間、地點和受眾專注在這件事情上，然後就等著可以創造出某種東西來（例如，我們等到腦力激盪時間，走到茶水間或遇到某個同事才想出點子來）。這些元素應該是「隨時」與「隨地」，我們永遠都能在此時此刻發揮創意。而剩下的問題就是，我們為什麼要創造？

第六章

為什麼要展現創造力？

到目前為止，我已經提出了幾個創造力相關的問題，每個都聚焦在特定的面向：誰（創造者），什麼（創造產物），如何（創造歷程），以及何時何地（背景脈絡及其角色）。然而我們一開始為何要進行創造，這問題同樣重要。為什麼要如此詳細地探討這個現象？簡單來說，為何你現在要讀這本書呢？

「為什麼」要發揮創造力，能夠從不同層面來回答。一方面來說，可以是指有創造性的人因為什麼動機去做那些事。這帶我們進入一個複雜的情境，就是創造者怎麼選擇他們的領域，以及他們要做什麼、何時去做。另一方面，這個問題也點出一個更深入的層次，今日社會是如何被打造出來的，以及它們如何反過來建構創造力的意義與價值。我們應該最先聚焦關注的，是這一連串的基本假設，因為它揭示了一些重要的事，不只是關於創造力，也包含我們所置身的世界。

如同第一章所述，創造力的概念大抵是西方「發明」的。這並不表示其他地區或文化空間的人，從古到今都沒有創造性。快速檢視非西方文明在藝術、科學與發現上的成就，從波斯及阿茲特克到迦太基與中國，都有十分豐富又具創造性的文化產物。畢竟，字母系統是西元前兩千年在腓尼基（今日的黎巴嫩）發明；造紙術出現於西元前二世紀的中國漢朝，火藥則是在唐朝（九世紀）發明；西洋棋是印度笈多王朝（西元二八〇至五五〇年）期間所發明。而西方最成功的發明並「輸出」到世界的，是將創造力視為人類和社會發展的核心。

當然，這都源自特定歷史下的文化變遷，從新教著重工作與財富，到工業革命與啟蒙運動對科學、探索與發明的關注，直到今日的資本主義環境中，新自由主義社會在意的是無止境的生產與消費。創造力與上述這些發展緊緊相繫。創造意味著不無所事事，要勤奮、刻苦，是一種救贖自己的行動（見圖8）。這也導致不僅要超越自己的命運，也超越自然；透過發明與探索的行動，發動了進步與財富。最後，它幫助你做出那些別人會想擁有、購買並使用的東西。

現在我們大量探討創造力，並認為它本質上就具備價值，很大原因是由於它對經濟有直接與間接的貢獻。世界各地都在訓練更有創造力的學生，因為創造力是二十一世紀的一種技能，在二〇二〇年世界經濟論壇（World Economic

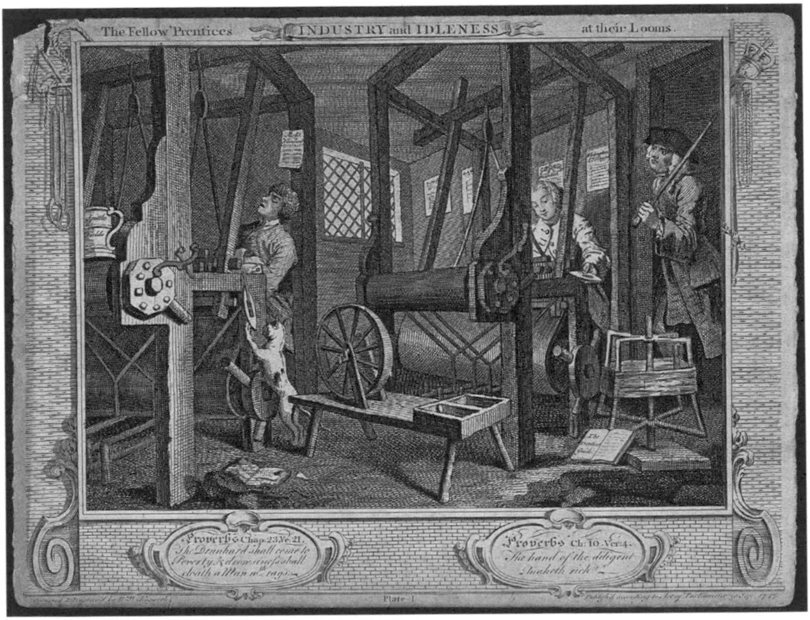

圖 8　威廉・霍加斯（William Hogarth）的版畫〈勤勞與懶散〉（*Industry and Idleness*），西元 1747 年，啟蒙時代所作。

（圖片來源：Wellcome Collection. Attribution 4.0 International (CC BY 4.0). https://wellcomecollection.org/works/e38v27wt）

Forum）的就業市場技能排名高居第三位。企業主為公司培植創造力，不僅是為了在今日步伐急速的環境中生存下來，還要能茁壯且比對手更有競爭優勢。政治人物宣稱他們提出的政策是具有創造力與創新性，因為這是邁向富足的前提，以及人類進展的指標。藝術家希望越來越有創意，以贏得獎項、名聲，以及最終能獲取一些實質的物質鼓勵。

不過，創造力不全然只跟金錢與經濟有關，即使在西方社會亦然。仍然有許多（歷史）故事，幫助我們找到人為什麼要創造的全新答案。其中有個例子（反例）讓我們思考到，創造表現對健康與幸福產生的作用。關注兒童發展的精神分析學家唐諾．溫尼考特（Donald Winnicott）主張，在幼年時期創意遊戲對心理健康有益，也讓我們與他人及文化產生連結。更近期的學者露絲．理查茲（Ruth Richards）探討了日常生活上展現的創造力（即第三章所說的迷你C或小C）對一個人的幸福與和諧感至關重要。心理健康與創造力之間隱形的關聯，來自於創造表現是一種釋放、賦能，並提供更高心理安全感的作用。

即使是第二個敘事案例，也讓我們只專門聚焦在創造的這個人及其屬性。如果創造力作為一種經濟價值，是用個人財富來「衡量」的話，那麼作為健全的生活與幸福動力，則是用個人發展來評估。一個人的創造表現可以、也的確會幫助到他人，不過這只是間接的——他們也可能變得富有，或者樂在擁有健康的伴侶、父母或同事。創造力對共同生活、維持並改變社會有什麼影響力呢？如前面章節談到的，我們不可能獨自創造，但就意味我們是為了別人而創造嗎？這一直是個問題。創造性的行動是與他人溝通的一種形式，行動中帶有訊息並建構出一種關係。我們自己的創造表現，可以也確實會促進他人的創造力，即使沒別的，光是自身的存在就樹立了個人榜樣。而這些人也會在添加他們的創造力之後，灌注為社會生活中的元素，再「回過頭來」與我們交流對談。

在更深的一種層次上，創造力與生命意義有關。詹姆士·考夫曼詳細探討過此議題，表明了創造性工作會讓生命更有意義、更值得活。他主張，許多賦予我們生存價值與意義的議題，像是對於一致性、重要性、意義感的需求，以及對象徵不朽的渴望，全都與創造力有關。他特別強調這些交互作用的時間維度，反映在一個人的生命課題，可以幫助我們了解自己在哪裡、又要往哪裡去。活在當下，活出創造性，讓我們敞開心胸，感受活著的喜悅，並與他人分享我們的存在。思考未來讓我們意識到，我們的創造性成果最終會成為我們的遺產，並串接繼起的世代。

最後，形塑意義的過程本身就是一種創造。我們具有以多元方式詮釋自己與所處世界的自由，即使我們並不常意識到這個可能性。作為人類，我們不僅創造工具、物品或經濟價值，也在創造意義、故事與不同版本的世界。正是這種用嶄新眼光看待現實，並且依樣實踐新的現實之內在潛質，使得創造力跟個人與社會的改變都串連起來。

而且也就是這種改造性力量，使得創造力對於我們這個物種、所有個人，以及我們所處的社會來說如此重要。它終極的作用是以所有改變都是可能的方式，來重新創造現實，或者至少能夠想像如何去改變。這讓我們可以活在「此時此刻」當下體驗的世界，與此同時，又因為想像力和可能性，掌握著「那麼接下來」那些「即將（尚未）到來」的時空。透過創造力，我們想像這些不可能，只是為了化不可能為可能的一個必要步驟。

本章對於「為什麼」要創造所提出的最後一個問題，是探討這種現象是良善的嗎？對我們有好處嗎？從前述所提到的內容看來，創造歷程似乎總是會讓我們擁有更多，把事情做得更好，並且有助我們致富與成名，或者最少過正常、健全的生活。也能讓我們敞開心胸，吸取他人經驗，並把個人經驗與他們交流。最後，創造讓我們的生命產生意義，幫助我們了解我們的過去，安然應付當下，並形塑我們的未來。

然而，創造力的每個正面「運用」都可能會有負面作用，不管是有意或無意的。創造財富與經濟成長通常意味著對舊世界的創造性破壞，包含破壞了環境，以及仰賴舊經濟體系而活的許多社群。甚至就連我們對自己生命意義的創造，都有可能隱含對他人的貶抑、歧視或剝削。如果利己卻會損人，這樣也都算是創造歷程與成果嗎？

如同我們在第四章所見，負面的創造力是存在的。本章我所檢視的證據會告訴我們，雖然不該把創造力浪漫化，只看見正向的成果，不過還是有許多保持樂觀的理由。沒錯，日常生活的每個創造行動，的確不見得都會幫助到他人、社會甚或我們自己。不過，創造現象的本質，仍然是一種開放的心態，以及對差異的欣賞。雖然並非每個創造性行動都合乎道德，但是創造力與道德的共通性，比我們原本想像的更多。在進一步深入探討之前，我們先來檢視各種創造及研究創造力的理由，看看我們能從中學到什麼。

創造的理由

究竟為何人們要創造的議題，引領我們回到動機。就像第二章所討論的，多數時候我們發揮創造力的動機，可被歸納成內在與外在兩種廣泛的類型。第一種指的是我們為了自己而做，第二種則與我們可以收到的外部獎勵有關（或者為了避免懲罰）。不過，這在創造力來說，是很粗略的區分法。如同該章所述，不僅區分每個類別的原因繁多，特別是對外部動機來說，很多時候某些事會在不同時機分別發揮內部和外部動機的作用。而且有些事情，比如對所做的事感覺良好，可能同時發揮了內部與外部的驅動力。若從此表象向下挖掘，會發現什麼呢？

莎拉．盧里雅（Sarah Luria）與詹姆士．考夫曼，基於訪問了幾個專業人士與大C創造者，在研究中提出這個問題。他們不僅想要了解到底是什麼激發有創造力的人，也想知道這個動機是如何和何時發展出來的。兩位學者創造了「創造需求」（creative needs）這個術語，並把它定義成在某一特定領域融合了價值、興趣與對創造熱情的終身追求。他們的分析揭露了六種這類的需求：美、權力、發現、交流、個人性與愉悅。

對美的追尋，一般會聯想到藝術家。所有的藝術，某種程度都與美感及其通過感官的感受有關。不過，有一種美的元素也在其他型態的成果中展現出來，包含科學。例如，偉大的數學家在遇到「完美」公式時，可能會有一種美感體驗。事實上，美能夠激發最家常的創造力行動——從園藝到準備熱騰騰又美味的一餐。畢竟，這樣的需求促使我們的祖先在其用具或洞穴中添加裝飾，即使這一點都不具實際用途。

權力欲望則是所有人類與創造者都無法豁免的。這個概念或許有些許負面的涵義，像是掌控或主導他人的需求，不過權力也包含將自己從不想要的限制中釋放出來。有創造力的人，特別是才能與成就獲得認可，達到某種社會地位，賦予他們凌駕他人與公眾意見的更高權力。他們可能從創造力直接獲得這種廣泛的社會影響力，例如，表演工作者或媒體名人；也可能是間接發生，特別是那些獨自創作或在偏僻實驗室工作的創造者。如何運用這種權力，也會帶來不同的作用（而這也是最重要的事）。

發現新事物的需求，也是非常普遍，而且或許是許多創造者最真切的經驗。

這項創造需求包含探索自身的環境，了解它並在其中找到全新且令人振奮的機會。這就是探險家的主要動機，特別是在地理大發現時代（十五至十七世紀），而它也持續激勵著每個具備好奇心與相信可能性的人。在科學、藝術及其他多數創造性領域，都可以做出新發現。它們多半包含著意外驚喜、機緣與巧合，因此那是事件與創造者「做好準備的心」之密切合作。

溝通交流的需求與創造力息息相關，對此如同我先前說過的，創造力本身就是一種交流的形式。創造表現意味著把一個人的思想與感受注入創造產物中，清晰地表達出來，不管是用語言文字或者以物質的形式。這項成品多數時候展現在世人面前，並由他人所詮釋、評價和使用，而他們為了自己的需要又重新創造它。抱持創造性，不但給了我們機會去連結他人，了解他們的世界觀，也塑造我們自己的觀點。這種溝通交流如何優美又有效率是個挑戰，而這也就是何以需要創造力的原因所在。

發揮創造力時，個人性的需求特別強烈，至少在西方的概念上是如此。創造力幫助人們做到的，首先也最重要的就是發掘自己——與他人不同而獨特的自己。它與我們的自我感受有關，具有主體性與單一性。那是因為我們的創造性產物在定義上來說是新穎、原創的，這讓我們相信自己也是如此。不過在各種文化之下，所感覺到的需求程度並不相同。偏向集體主義的社會，建構出的另一種自我感受，認為人與人之間乃是互相依賴。在那種情況下，創造力的行動或許就經常是凸顯人與人之間的共通性，並強化連結、交流與傳統。

盧里雅與考夫曼提出的最後一個類型是——愉悅。追求快樂是最古老且最基本的人性動機。古代伊比鳩魯學派在這個概念上發展了一整個哲學系統，接著是離我們時代更近期的佛洛伊德，他揭示「享樂原則」（pleasure principle）扮演了潛意識中主要驅動力的角色。快樂也是我們主要的內在動機，多數人有創意的行動是因為他們（也）喜歡這麼做。如同權力與發現、個人性與交流，帶來自我滿足感，愉悅也是創造性行動之中一個潛在的面向。而且，我們也有許多事情是純粹且全然為了個人的快樂而做（例如，我們的興趣）。

這些需求和動機在不同創造領域有何不同，是個有趣的問題。比如，科學家是否更努力地探索新發現，而藝術家更希望優先追求個人性？我和一個由法國學者組成的團隊共同做過一項研究，比較了包含藝術、設計、科學、編劇與音樂五個不同領域在內的創造性活動，希望能找到答案。這項研究最有趣的發現在於，當涉及到創造力的「衝動」時，不同領域之間相似與相異的常模。

例如，在藝術領域，主要的動機是渴望創造，或者做出某種作品並同時表現自我。在設計領域，相同的創造需求之上，會再外加同樣重要的解決實際問題的需求。在科學上，包含數學與物理，主要的動機也是解決問題的需求，再加上好奇。至於編劇與作曲家，創作與表現自我的需求再次出現，就和藝術家一樣。這並不表示科學家未曾顯露表現自我的需求，只不過那樣的需求比較少被談到。最後，在不同領域之內或之間，一個人展現創造力的理由具有某些清楚的規律可循，而且非常明確的是終其一生皆然。

研究創造力的理由

希望前述內容能讓大家對於人們為何會從事創造性的行動有更清楚的了解，不過這些學者投注時間心力研究創造力的原因還是很模糊。這容易讓人想當然地認為，由於保持創造性具有一連串的好處（從經濟成長到有益心理健康），因此對此現象所有科學上的興趣應該也很合理。不過，實際上來說，我們很少透過實證研究來記錄創造力的成果；大多數的研究還是著重在前因（促進因子）和相關性（相關過程）。詹姆士・考夫曼最近呼籲所有研究創造力的學者，去證明創造力為何如此重要，而不只是攏統地主張它確實重要。他指出有些特質，例如盡責，在許多方面都與創造力背道而馳，卻被證實能幫助人們成功。所以正向結果研究的新議題會是什麼樣呢？

首先最重要的，研究創造力的時候，我們研究的即使不是人類獨有，也是在本質上對人性有貢獻的。雖然許多鳥類與哺乳類動物都透露具備基本的創造性行為，不過獨獨人類發展出對創造力的理解，並圍繞它建立了社會與文化。

的確，發揮創造性是抓住了人類能動性（human agency）的本質，以及我們面對環境不只是外部影響的被動接收者，而是主動參與者。從幼兒時期，鼓勵孩子在遊戲、塗鴉與音樂中表現他們的創意是有理由的；不單純只為了發揮創造力，而是為了往後的人生，訓練某些技能與態度，更廣泛的層面則是在充滿創意人士的世界中，找到自己的位置。最終，建立自我與定位是我們創造力的先決條件與關鍵成果。

創造力的研究，也讓我們對於了解社會有新的視角。創造力的理論表達了一個更廣泛社會性的世界觀，並強化個人與社群之間關係的現存信念。舉例來說，如果我們只接受創造力是新穎、原創及突破傳統，可能就會想像創造者與其所在社會的關係是衝突的。確實，孤獨天才這樣的迷思，前提就是假設具有高度創造性的人，是在對抗社會秩序並且經常遭到社會的否定。另一方面，如果我們強調創造性行動的意義與價值，或許會注意到沒有任何創造者能自外於社會而行動，即使他們在其中的處境是屬於邊緣的。具有創造力的人在與志同道合者合作時，是以全新及令人意外的方式來運用他們手邊的文化資源。

這引領我們來到研究創造力的第三個理由——對人類的合作有更充分的了解。雖然起初聽起來可能違背直覺，特別是對那些相信有創意的人基本上都是獨立工作的人來說。但更深入地研究創造力會發現，那是跨越時間的隱性與顯性合作網絡。如果對創造現象我們所採取的是社會文化觀點，就會注意到圍繞在周遭的創造品，最終來說都是共同創造的成果。而且不只是與他人面對面合作，促使概念可以交流——時至今日，這樣的交流也發生在虛擬環境中。尤有甚者，因為文化資源可任由所有人處置，我們大可運用先人的概念與觀點，因此交流不只發生在人與人之間，這些觀點也被創造者內化，並在其心中發生各種創造性對話。

這種關於創造力本質與角色的洞察，在重新思考學校與工作場合的實踐上非常有用。正常來說，我們會假定教育的主要目的，是傳遞在社會或特定專業上獲致成功所需的知識、技能與心態。而對於一個創造力研究者來說，這個目標是相當局限的。例如，它並沒有考慮到我們今日幫助學生為某些工作做好準備，而這項工作卻可能在幾年內消失或產生劇烈的轉型。

為了未來而非現在而教，必須足夠了解創造力，也必須明白課程應具備靈活性、預測性與即興創作的重要性。這些技能在現今新專業持續增生的環境是必要的，即使目前許多組織抗拒改變，或者對於創造力與創新僅停留在紙上談兵。激進的革新者不受信賴的原因很多，他們之中有許多人都會回頭改寫我們對創造力的定義，以及我們本來優先看重的事。因此，研究用不同方式展現創意的價值性，有益於管理者與教育家這類的人。

透過響應考夫曼的呼籲，對於創造表現的正面成果做出更多研究，我們方可為教育與企業發展出有見地、有根據的策略。這些研究應該聚焦於創造力的整體系統，包含人、創造品、歷程與背景，否則就會有做出過於片面甚至誤導的結論的風險。

舉例來說，如果只是強調創造者的個人屬性，最後發展出來的教育與工作形式，就會只適合某種特定類型的創意人才，而未能理解到當背景脈絡有了變化，他們的需求、互動與表現形式也會隨之改變。同樣地，若只研究創造成品與其品質，就會不夠關注它們是如何從現存的創造品、實績與機構中孕育出來。

最後，你可能會疑惑，為什麼我們應該特別著重於正向的成果，負向的結果不也一樣值得關心嗎？為何創造力對我們與他人的生活以及社會，都是件正向的事？這就是接下去要探討的話題。

肯定創造力價值的理由

如同其他任何社會與心理的歷程，創造力可被用在正途，也可能被拿來作惡。第四章曾提到，有許多以改善他人生活為目標的良善型態的創造力，也有惡意型態的創造力，是以害人為目的。而且還有很多情況界線模糊，有的既無益也無害，或既有益也有害，有時影響效應是跨越世代的。不過，一種現象的用途不一定反應它的本質。為了確定何以我們應該肯定創造力的價值（我確信我們應該如此），必須回頭重新分析它的歷程與基礎。

首先，創造力包含了為現存問題與情況找出其他解決方案。為此我們的思考必須超越我們直接經驗的此時此地，要能夠想像在這情況下，還有什麼其他可能性。換句話說，創造力的所有行動，不管是大是小，都帶來供我們評估與選擇的多種可能性。因此，創造力為我們呈現出世界是多樣的、可塑的，而不是僵化、既定，以及一成不變的。

即使我們不見得會把想到的各種方案或觀點都化為行動，光是構思它們的行為就具有變革性。透過讓我們意識到，在原本的想像之外，一直都有更多其他可以思考、可以做的事情，創造力為人們的生活帶來無限可能。如此，創造力是促成各種可能性的一種核心現象。

除了提供新的可能性，創造性行動也讓我們進入他人的世界。我們透過結合別人的概念與觀點，進行創造來達到這點。我們唯有採取別人的觀點並從他們的位置去體驗世界，才能想像現實世界是多樣且多變的。

正是因為自己與他人在觀點、生活經驗與知識類型等方面，都有許多根本上的不同，所以任何汲取觀點的行動，都會豐富我們自身。因此，在許多方面，創造性行動在創造者與受眾間搭起橋梁，使雙方都攫取了彼此的觀點。這種形式的開放性，能夠增加更深入了解他人與其環境的機會，進而對他們更具同情心與包容度。

對世界保持靈活性的另一個結果是，透過創造力我們可以質疑現狀及主流的意識形態。在日常生活中，我們往往被「困」在單一、統一的想法與做事方式。對於周遭的世界及其運作，有很多事情被我們看成理所當然。以物品來說，可以說是一種功能性的固定化——認為每樣物品被設計出來只有一種功能，創造力所做的就是全然質疑這種認定。

在整個創造歷程中，無論是有意或無意，我們發現事情可以有所不同，而且多數人所相信的事並不一定都是真理。在創造性行動中具有賦能與反抗的元素，無論是關於重新想像這個社會或日常物品的用途。

關於重新構想社會，創造力對於改變我們的共同生活，扮演了一個特別的角色。如前所述，一個創造性的型態使得我們留意支配性的單一觀點，鼓勵我們找出其他選項並挑戰那種主導性。這在社會與政治範疇特別有用，其中各種意識形態的力量化霸權於無形：我們深信該主導性制定了做事情的唯一方法，現實事物能夠且應該運作的方式。

我們在全球範圍內面臨的各式危機，從環境破壞到民族主義的興起，乃至於不平等情況加劇，在在迫使我們不僅要落實創造性的行動，而且要以全新的方式來看待與理解這個世界。因此，創造力的最高使命，是發展出新的世界觀，不再把我們所學到、或者一直以來被告知的事情，視為理所當然。

上述所提到的好處，都讓我們更深層地思考創造力與道德間的關係。我們可以接受一些有創造力的人不道德的行為、以自己利益為優先，以及枉顧他人的生計，不過也同時思考創造力如何促進道德的立場。如果道德的一個核心原則是康德所主張的，不把他人當作工具，而是視之為具有共同的人性，那麼我們需要從肯定彼此都是有創造性、有主體性的人開始。

我們自己的創造表現需要依賴他人的創造力：他們的想法，他們創造的成品，他們獨特的視角。如果我們不認可並尊重這項創造潛力，不但會降低創造力，而且也剝奪了世界用它來（重新）想像的新觀點。培養他人的創造力不為別的，應該是為了這件事本身。創造性的行動之中，若缺乏這種認可他人的精神，等於貶抑了他人與我們自己的人性。

由於這個重大的結論，我們深入回答了「為什麼」創造。最終，我們發揮創造力的理由，就與創造歷程和工具一樣多元。有創造性的人在從事的活動及生命當中，都有一些特定的動機與需求。投注在創造力的研究也有一些特定的好處，包括理論與實際用途上。最重要的是一個內在的理由，即創造力豐富了我們的人性，並與我們作為社會性、主體性與道德性的存在息息相關。把這些牢記於心之後，現在我們可以提出最後一個問題——關於創造力的未來。如果目前提出的論點是成立的，那麼，這也是一個關於我們的未來更普遍性的問題。

第七章

創造力的未來走向

在定義上，「未來」就是創造力要發揮的領域。想像一切可能會變成什麼樣子，選擇應該要發生的事情，以及讓這些想像化為物質現實，以上都是個人、團體與社群每天在進行的創造性行為。

而運用這個程序來想像創造力本身的未來，就更有趣了。我們的生活接下來會是什麼狀態？創造力在其中會變得不可或缺嗎？面對急速發展的科技，我們的創造力將如何作出貢獻並持續適應？我們會目睹全新的創造歷程與活動嗎？我們要怎麼研究或記錄這些進展，又會從中學習到什麼？

一如往常，如果我們要了解所有關於未來的一切，首先必須檢驗過去。雖然創造力有助加速發展，並為各領域的常軌帶來突破，然而這些經常也都是從過去的成就中孕育出來，然後再對發展做出貢獻。最具開創性的創造性行動都其來有自，並非無中生有。

今日的電動車看似是對當前氣候困境的解決方案，不過它們也是奠基於長遠的科技發展歷程而來，最早的源頭可追溯到一七四〇年代蘇格蘭人安德魯・高登（Andrew Gordon）與富蘭克林所做的實驗。整形手術看起來也像是現代的發明，不過我們知道，例如，印度在西元前八〇〇年就已經使用重建手術的技術了。甚至是最近才興起的虛擬空間的擴增實境，回溯起來早在一九〇一年，作家法蘭克・鮑姆（L. Frank Baum）就構思過用電子螢幕把數據疊加在現實生活之上的點子。世界經濟論壇早先也預測過，到了二〇二〇年，科技會發展出更人性化的網際網路，也會走入數據導向的健康照護及列印器官。人類的故事就是創造力的故事，並持續向前推進。

不過，當這些發展實現時，創造力將在社會中扮演怎樣的角色？學者喬凡尼・科拉扎就主張，隨著機器逐漸（在有些領域迅速）取代人類，人類創造力的重要性並不會消滅，反而會成為人類生存與人性尊嚴的基本要素。他在此處所考量的是過去幾個世紀，從工業化到資訊社會，一直到今日的後資訊秩序的演進。越來越多的人類決策交給演算法來決定，不管是好是壞，都讓事情運作更輕鬆、快速也更有效率。當然，後資訊社會並非預期我們這個物種會滅亡的後人類社會，不過這是一個（美麗）新世界，在這之中，創造力很可能是我們最優越的特性與資產。

上述內容或許讀起來像是烏托邦式的，不過我們想像未來時，經常都受到烏托邦的元素所啟發（或受到害怕反烏托邦世界的影響）。其實烏托邦與反烏托邦也都是在其特定歷史背景之下，創造性思考的產物。

如果從今天往回看那些生活在十九世紀之交的人們，對進入西元二〇〇〇年所做的各種預測，我們會發現許多當初對未來的願景並未成真。舉例來說，包含吉恩．馬克．柯特（Jean-Marc Côté）在內的法國藝術家，在一八九九年以「西元二〇〇〇年」（見圖9）為主題所創作的一系列明信片，其中預想消防員會用蝙蝠型翅膀四處飛行，而我們會馴服巨大的海馬，並用於水底交通運輸系統，或者我們都有能在天空盤旋航行的有翼汽車。不過這一個多世紀前的預測，有些的確實現了，比如，透過影像交談的即時通訊，或者突飛猛進的自動化工業等。

圖9　十九世紀末所預見的西元2000年。（圖片來源：Science History Images / Alamy Stock Photo）

在想像力與創造力方面來說，預測失誤並不代表失敗。相反地，這些可能性只不過是未能被落實。即使有許多到了未來也不會實現（比如，要騎巨大的海馬，也得先創造出這種海馬才行），它們對未來的創造與想像行動來說，仍然是很重要的參考點（畢竟我們的確對基因改造有越來越多討論，甚至想讓曾在地球上漫遊的巨大生物物種復活）。這個簡短的例子不是要凸顯做出正確預測的困難，而是要表達人類創造力具有未來導向的本質，以及它深遠的社會影響力。問題在於：這種創造力會把我們帶向哪裡？它本身又會是什麼面貌？

或許對西元二一〇〇年的預測，也會像整理這樣的清單一樣令人興奮，不過我不打算在此揣測未來的創造。在最後這一章，我會聚焦在有關創造力的未來的第二個問題，以及我們對它的理解。這些思考必須（儘管是隱晦／保守地）同時處理社會的未來，因為創造力理論是出自某種特定形式的社會、政治與經濟組織，並且回頭強化它們。不過，在探討創造力研究與實踐「走向哪裡」的問題之前，先確認我們目前在哪裡是很重要的。

我和詹姆士．考夫曼最近正在鑽研這個議題，並提出了一個模型，我們稱之為「創造力矩陣模型」（Creativity Matrix）。該模型一個軸線是創造力系統的不同構成要素，另一軸線則是創造力的不同層次。前者是我的「5A理論」，包含行動者（actors）、受眾（audiences）、行動（actions）、創造品（artefacts），以及預設用途（affordances）（個別的探討散見於本書各章節）。後者是詹姆士．考夫曼與羅恩．貝格多包含迷你C、小C、專業C與大C的「4C模型」（可參照第三章）。

這項矩陣模型訂定出一系列概念單元，可供創造力學者研究。例如，我們鎖定創造性的行動者，並評估他們在4C中的層級，以便研究此人是在創造性學習（迷你C），做微小日常的創造行動（小C），從事專業的創造性活動（專業C），或是發揮歷史與演進型態的創造（大C）。又或者，我們拿預設用途來看，檢視物質環境如何促進（或抑止）每種層次上的創造表現。

我和詹姆士提出的問題是，其中哪個概念單元我們最熟悉，又有哪些還沒獲得系統化研究。換言之，創造力研究主要聚焦在什麼之上，又有哪些我們發現是盲點所在（以及為什麼）？無意外地，正如本書所涵蓋的資訊，創造力矩陣模型中，最被緊密研究的區塊是行動者─行動─創造品這個三部曲，包含了第二到第四章談過的，研究誰、如何及創造了什麼。

我們也非常了解在迷你C到小C層次，關於創造性行動與預設用途之間的交集。未來我們需要更關注的是專業C與預設用途，也就是說，專業人士如何展現創造力，以及物質環境在支持不同程度的創造表現上扮演了什麼角色。

何以這兩處（專業人士與預設用途）是盲點並不難了解。首先，兩者皆是高度特定的領域，迫使我們專注在背景脈絡，而不是獲得創造力的普世知識。第二，我們需要新的分析性工具與方法論，以便掌握創造性行動的實體。雖然創造力學者非常擅長研究想法與其屬性（如：流暢性、變通性、獨特性與精密性），但他們在實證研究中應付身體、工具與實體空間方面，就略為蹩腳。很大的難處在於將物質與社會歷程並列思考，特別是還要加上它們與心理歷程的相互關係。

要把「創造性思考」整合為「創造性行動」，還有很多需要處理好的事情。最後，再加上歷史性的原因，比如說，為何我們比較容易聚焦在影響力較大的創造力展現形式，以及聚焦在創造力的行動者而非受眾上。

在本章中，我會針對這些原因說明並解釋相關的限制，也會對二十一世紀的創造力研究提出兩個呼籲。第一個我稱之為「創造力大眾化」——我們應努力保持包容性，包含誰算是有創造性，擴展對創造性成果的觀點，普遍地讓所有人都提升創造性活動的參與度。第二個相關的呼籲是把「創造力社會化」，意思是在我們理解創造現象時，能把他人、社會與文化的角色看得更重要。我在最後會說明，透過跨越學科界線的研究，這兩個目標都是能夠達成的。在本書總結之前，我也會提出一個關於創造力多學科科學的面貌概述。

創造力大眾化

一個人認為自己有創造性，會是多容易或者多難？這是努力讓創造力成為更具包容性的概念之核心問題。如同我們在本書中多次提及，從事創造性行動的潛力是一直都在的。有些個人特質，像是對體驗的開放及能忍受不確定性，都讓我們容易發揮創造力。

我們身在快速變動的世界，其中「充滿」他人的創造物，供我們作為創造的靈感與誘因。與他人互動、接納他人觀點，經常能讓我們對這個世界（包含自己），都有新的洞察。最後，我們逐漸發現周遭物品的屬性並運用它們，促使我們展現全新又令人驚喜的行動。

因此，有鑑於人類生存的法則與這世界被塑造的方式，我們可謂「身負」創造力。然而，當被問到是否認為自己是有創造力的人時，許多人都會遲疑。主要是因為某些社會建構認為，創造力是天才或傑出人士獨具的優點，或者只有做出改造文化並對歷史有貢獻的傑作之人才配得殊榮。換句話說，就是指那些所謂大C的創造者，以及歷史性的曠世巨作。

當然，我們都知道有其他論述，包含日常生活的創造力，而且我們也都欣賞這麼做的人。舉例來說，當情況需要時就能快速即興發揮的人，他們用全新且令人驚喜的方式解決日常的問題，他們喜歡那些挑戰，也熱中一些懸而未決的事情。我們大多能夠了解這種迷你C與小C的創造力，然而我們真的讚賞它嗎？至少在西方社會，有像讚賞歷史性的創造力那樣稱頌它嗎？

通常是沒有。我們專注在頂尖的創造表現，而忘記了所有的山巔都有其基礎，而這個基礎在創造力的情況來說，就是有創造力的人所做的一些平凡的日常行動，他們天天都在探索世界並且全心投入。

創造力的心理學研究，在表達我們對創造現象的理解上扮演著重要角色。若說十九世紀與二十世紀初期，主要只研究科學與藝術上的傑出創造者，那麼一九五〇年代則讓我們關注到世俗日常型式的創造力。那是因為我們開始思考，看待創造力不只要關注成果，也包含潛在能力，於是開始正視自己與他人內在的這種潛力。

然而，在創造潛力與創造成果間劃下清楚的界線是有問題的。這會顯得行動之外有潛力的存在，而且創造現象以某種方式存在個人之內。對於創造潛力的一個比較動態與相關的理解，會是它「位於」實質行動，以及創造者、創造物與受眾間持續的互動中。

不過，最終我們從所有人都能體驗創造歷程，以及創造力是可塑、可培育的這種想法中收穫良多。雖然我們無法替讓人變得更有創意找到「公式」（事實上，這樣會違反創造力的本質），不過有很多方式能培養原創思維與行動。這不只牽涉到有創造性的人及訓練個別能力，還要把焦點放在我們如何建構出有助創造力的環境。這樣的環境通常提供能讓人嘗試、犯錯，並從錯誤中學習的機會。

如果我們認真看待創造力的所有行動都理應被欣賞，以及這個現象會伴隨大量人與環境的互動，那麼為何我們在日常生活中，看不到更多創造力的案例呢？包含我們自己的活動在內。

最近，我和詹姆士・考夫曼提出了一項影子創造力或稱隱藏創造力的「CASE模型」，其中就探討了這個問題。該架構從一個簡單的觀察開始，許多的想法、行動與創造物都具有新穎性與用途。我們生活中所思、所說或所做的事都並非一模一樣；事實上要做到這樣也是不可能的。而且甚至明明我們此刻所創造出來的，與先前的狀態差異很大，我們仍然對於稱自己有創意感到猶豫。

為什麼會這樣？我們找到了四個理由（肯定還有更多）。這CASE模型的四個字母，分別代表資本、覺知、靈感與卓越。以下容我一一細述。

許多潛在創造者的行動從來沒受到認可，因為他們欠缺社會與文化資本。這表示他們缺乏對的社會連結與文化工具（如充足的專業領域知識與經驗），好讓他們的創造力為人所知並推廣出去。雖然這並不意味著他們不能認為自己的作品具有創造力，只是實務上人們很難相信沒有人相信的事，或者去做不被別人認可的事。缺乏文化資本也表示欠缺正當的論據，來把自己的行動與作品定義為有創造性。

缺乏資本也經常與缺乏覺知有關，也就是缺乏對正在做的事確實有創造性，或可被視為有創造性的認知。我們每天都做很多事——用某種方式開車、料理或與他人互動及解決問題，這些事可以被認定具有創造性，卻只被貼上例行公事之類的標籤。前提是我們要覺察到自己的創造性潛力與創造表現，它們才能受到他人認可。

靈感，在這裡並非指一個人天生具有某種屬性，而是指優先想出某些東西的事實。日常生活中有許多創造力是在延續、轉變並更新他人所做的事。例子很多，比如同人小說或使用者創新（參照第六章）。不幸的是，因為這個人並非原始創造者，他／她替舊創造物找到新生命，卻只獲得很少的讚揚。

最後，卓越是一種在新穎、原創性與價值之上附加的特質。在日常生活中，不像科學定義的那樣，我們不只是找尋全新且有意義的東西，而且是找尋脫穎而出、吸引我們注意力，並且顯得高超的東西。這就是為什麼學生很少被視為有創造性（或者被要求要有創造性），因為我們認為學習會帶來純熟，只是需要時間。因此，我們並不真正期待，也沒準備在學習中的人身上發現創造力。有趣的是，我們在此注意到了，卓越並非存在某些創作品的固有屬性，而是社會與文化建構出來的一種價值。

配備了這種新的理解，我們可以怎麼運用CASE模型去讓創造力大眾化呢？首先，關注資本、覺知、最初靈感及卓越欠缺之處，並持續對其中的人、歷程與產物的創造力保持開放的心胸。第二，幫助潛在的創造者發展他們所欠缺能讓作品廣為周知的資源。例如，我們可以幫助一個有才華的作者與經紀公司（社會資本）搭上線，或者介紹年輕人找到最能充分開發他們創造潛能的學校（卓越）。

畢竟，某件事是否應該被認可為（潛在的）有創造性的議題，就像帕斯卡的賭注（Pascal's wager）中探討上帝是否存在的問題。他從邏輯上論證，我們最好無論如何都要相信上帝，即使上帝並不存在。關於創造力也可以有類似的說法。努力在某種東西中尋找創造力，結果發現它並無創造性價值，對我們來說會有什麼損失？我們可能會花費一些時間和心力，不過，或許也因此讓某人敞開心胸迎接靈感，而實際上真的展現創造性。相對來說，不認可創造力清楚擺在眼前的代價又是什麼？人們會氣餒並不再做創造性的事情，這個決定以犧牲個人為代價，最終卻使我們全體活在缺乏創造力的社會。

創造力的社會化

如同創造力研究之歷史所展現的，創造現象大眾化與將其社會化是不同的。自從一九五〇年代以來，心理學家一直在研究所有人的創造潛力，但每個人是被分開檢視的。在某種程度上來說，我們都是有創造力的，不過這是因為我們所具備的智力、動機與人格特質。包含周遭其他人在內的環境，只會增強或削弱我們個人的創造潛能。要讓創造力社會化，我們必須了解，他人並不單純只是我們創造表現的外部影響與情境，而是我們所謂個人創造力的組成要件。

在創造力研究中，我們需要做出重大的轉變，並且在許多方面扭轉社會認定成就的方式，以便認可創造歷程的關聯性與分布性之本質。在研究中，我們需要開發概念性與方法論工具，不但能夠捕捉人與世界的雙向互動，也能描述其互相依存的關係。舉例來說，觀點與預設用途的概念。這些是關係而非個體內的變量。觀點是透過捕捉個人的行動取向，把人與世界連結起來。預設用途則是透過物品與人的屬性，同時定義出行動的潛在可能。一個新的預設用途，出現在個人採取了某個觀點而得以「看見」它。例如，水瓶可以當作紙鎮，但只會發生在當我們要尋找重物的時候。

在社會層面上，挑戰在於欣賞群體的創造力與共同創造的行動。我們知道所有周遭的創造品，必然都是由幾個人做出來的（即使是一人所為，其最早的點子也是從他人而來），不過我們依然把它當成是個人事務來評估。快速瀏覽一下頒發創意獎項或標舉紀念的對象，在在透露我們對於推崇單一創造者的文化偏誤。這些都是創造力政治性經濟學的一部分，也是更廣泛的問題，我們共同認為哪些想法與發明在社會上堪稱有價值，以及值得被認可（或保護），哪些又是所有人都能免費使用的。舉例來說，在西方世界，從整個社群傳統中產生的創造性成果，像是原住民的創作，經常被認為可供個人免費使用。相對地，個人藝術家如畫家、設計師與科學家的創造成果，卻自動受到法律保護。

著作權法讓個人化的傾向更加明顯，它們旨在保護做出有價值作品的創作者權益。創作者不見得是單一個人，即使通常來說著作權由個人持有。但是目前建立著作權法的原則，在創造者與他們的合作對象、使用者與追隨者間產生了明顯的區別。不僅這條界線難以劃分，而且其他人的創造力受到限制，他們原本或許可以從全新且有價值的創造品中獲益，並為了個人目的重新創造它。

創造力的社會化是否等同於否定了個人的角色與重要性？當然不是。這並不是呼籲大家忽視或削弱個人的創造表現；而是要認知到這項表現是個人的，同時也是社會性的。這並不是反個人的主張，而是反個人至上及反簡化論。只關注個人的創造性貢獻而不顧背景脈絡，既片面又誤導。

正如此處所主張的（參照第五章），談論創造力時，背景脈絡是創造現象中的一部分。這項認可並不會讓我們低估個人的角色，而是更全面地了解它。因為每位創造者都是人、物、地與組織的網絡中的一部分，所以他們可以發展出獨特思考、觀看與做事情的方式。我們的社會本質與個體性並不牴觸，它構成其基礎。我們是因為（而非排除）他人的關係而得以創造，並且用一種人類獨有的方式創造。

邁向創造力的多學科科學

如同上述主張，創造力的這種參與及社會性模式，唯有藉由多學科的方式才能達到。在過去七十年，創造力研究由心理學家主導。如同所有學科，心理學有其強項與局限。在這方面的學術研究中，心理學研究已經幫助我們以更「大眾化」的方式了解創造潛能，不過還是只關注個人層面的歷程。我們需要包括社會學、人類學與歷史學等其他學科的挹注，才能達成前述的社會化。個人層次的歷程還有很多是我們可以探討的，遠遠超越心理學。生物學與腦神經科學有助我們用像是實體行動的角度，來了解創造力。

更深入解說這些不同學科的貢獻之前，先簡要提醒科際整合、多學科以及跨學科是不一樣的。今日人們普遍認為，要檢驗複雜的現象、情況與事件，我們必須超越學科的視角。這是因為沒有哪個單一學科能夠提供全面的視角，去了解研究對象的所有面向，或者應付實務上衍生出來的各種挑戰。創造力肯定正是這種案例。心理學的研究闡述了創造力的認知上（有時也有情緒與動機上）的動態，不過它們在社會與物質的歷程方面，就大大保持緘默。

重要的是，我們如何看待各個學科的主張，以及在它們之間建立了怎樣的對話模式。科際整合是呼籲在不改變任何觀點之下，用新的視角補充原觀點之不足。因此科際整合的創造力研究，會把社會學家、人類學家或教育家對於創造者與創造歷程的見解並列來看。

在這樣的操作中，我們發現到一個局限，實際上不同主張無法合併，也無法接納彼此。這就是多學科所要做的事——想辦法透過其他學科的視角來思考這門學科，而且互相調整彼此的視角。舉例來說，當一個社會學家與心理學家針對創造力交換意見時，討論出來的結果某些是出於各自的學科，並且有些新的重點會是從雙方對話所產生出來。跨學科則更進一步超越所有學科。在這種情境下，參與其中的研究者會避免「像」社會學家或心理學家那樣思考，而是把所有可行的知識都運用於手邊的問題上。其中的風險就是，避開學科標記行事，同時也就終結了這項專業。

這就是為什麼我會認為，多學科創造力理論是這個領域應該要追尋的目標。問題不在各個學科的主張；事實上，學習特定的思考與研究方式是好事，個中原因有很多。挑戰在於對話交流，以及能夠向具有其他思維與做事方式的人學習。

本章開頭討論到的創造力矩陣模型中，我和詹姆士也認為，不同的學科能幫助我們理解整體網絡的不同部分。舉例來說，創造行動者可以使用心理學、教育、商業與腦神經科學的觀點來研究。然而預設用途，主要是設計、工程與商業的研究範疇。迷你C則有許多心理學家、商業專家與工程師在探討。多學科理論的一個主要成就在於，向這幾個（甚至更多）領域學習，並且把它們的洞見整合成一個整體。

讓我們舉一個實際的例子，受眾或創造力中他人的角色，可以從不同學科的觀點來探討。心理學家認為，不管是實際上或想像中他人的存在，對創造表現會有影響。商管學者把受眾當成是現有創新成果的使用者、評價者或採納者。教育家可能會考慮，經由指導、回饋與示範等方式與他人互動，會對有創造力的人之養成發揮作用。設計師關心的，或許是受眾能（或不能）感知到創造物該怎麼用的預設用途與可能性。社會學家會呼籲我們要關注到，所謂的他人不僅是由人們代表，而且是由守門人與機構組織代表。人類學家要我們留意，文化規範會決定誰可以來評判怎樣算有創意，以及如何進行。哲學家則會告訴我們，他人與他者這個概念由來已久，重要的是他們是屬於哪種互為主體的關係。

這些不同（有時是天差地遠）觀點間的對話，對於我說的創造力社會化有很大的推進。首先，那會說明受眾的概念具有多重意義，而且有很多不同的理論可供研究受眾所扮演的不同角色，比如，作為使用者（設計），合作者（心理學），守門人（社會學），或者榜樣（教育）。

不只如此，這些觀點可以並且也應該讓彼此更豐富。一個哲學家關注有時我們會邊緣化或畏懼他人，這樣的思考應該有助於心理學家反思他們的隱含假設與實驗設計，因為過去在這些方面都比較偏愛針對個人而非團體。教育學上的觀點可以結合社會學的視角，以便了解組織如何促進創造力，或者至少能作為某種特定型態的創意表現之管道。最後，透過設計的思考所點出的，若要有創意地解決問題，必須把現在與未來的使用者都考慮進來，這能讓創造力研究更上一層樓

（它已經使得設計思維興起並廣為普及）。這些觀點究竟如何被接納、交流或者屏棄，本身就是一個心理學的議題。

因此，當我們提出創造力「走向哪裡」的問題，我們無法再把它想成單一學科或領域。在我撰寫本章時，多學科的合作正在發生。創造力的大眾化透過這些作為繼續發展，而創造力的社會化雖然緩慢，但肯定在進行中。

創造力的新時代、網絡及全球化，在在都仰賴創造性行動，同時也形塑著它，包含有創造力的人、產物與歷程的理論。在許多方面來說，現在正是我們需要創造力更勝以往的時候。面對氣候惡化，因新冠肺炎而疲弱的經濟，以及民粹主義和民族主義的盛行，我們不能以為舊的解決方案還可以繼續發揮作用。但是，也不能因噎廢食，應該要思考我們希望鼓勵怎樣的創造力：是「快速行動，打破陳規」[7]的激進且突破性的創新？或者有鑑於被這麼多崩壞的事物包圍（包含我們對真理的動搖，對彼此失去信任），而應該採取漸進式、適應性的改變會比較好？

無論我們走向哪裡，都會因為了解創造力的本質、歷程與成果而獲益。本書只是標舉了這段旅程的開端，其所涵蓋的遠遠大過創造力本身。希望我已經說服了你，當我們研究創造現象時，實際上也對我們自己及我們生活在怎樣的社會，乃至於未來，有很多新的發現。如果我們「命定」就是要創造，那麼我們也「命定」就是要向前看。唯有透過創造力，我們能實現未來，這是夾帶了無比歡愉與振奮的力量，它是無限的可能性，也承擔著某種重責大任。

7 編按：move fast and break things，是臉書團隊的核心精神。

參考文獻與延伸閱讀

第一章　創造力的定義

歡迎對創造力的歷史有興趣的人閱讀：

- Glăveanu, V. P. & Kaufman, J. C. (2019). Creativity: A historical perspective. In J. C. Kaufman & R. Sternberg (Eds), *The Cambridge handbook of creativity*, 2nd edition (pp. 9–26). Cambridge: Cambridge University Press.
- Hanson, M. H. (2015). *Worldmaking: Psychology and the ideology of creativity*. London: Springer.
- Mason, J. H. (2003). *The value of creativity: An essay on intellectual history, from Genesis to Nietzsche*. Aldershot: Ashgate.
- Weiner, R. P. (2000). *Creativity and beyond: Cultures, values, and change*. Albany,

NY: State University of New York Press.

更多創造力範例的相關資訊請參閱：

- Glăveanu, V. P. (2010). Paradigms in the study of creativity: Introducing the perspective of cultural psychology. *New Ideas in Psychology*, *28*(1), 79–93.

關於創造力的不同定義，請參考以下資料：

- Csikszentmihalyi, M. (1988). Society, culture, and person: A systems view of creativity. In R. Sternberg (Ed.), *The nature of creativity: Contemporary psychological perspectives* (pp. 325–39). Cambridge: Cambridge University Press.

- Glăveanu, V. P. (2015). Creativity as a sociocultural act. *Journal of Creative Behavior*, *49*(3), 165–80.
- Stein, M. (1953). Creativity and culture. *Journal of Psychology*, *36*, 311–22.
- Weisberg, R. (1993). *Creativity: Beyond the myth of the genius*. New York: W. H. Freeman and Co.

最後，關於能動性、想像力、即興創作與創新，請參考以下內容：

- Anderson, N., Potočnik, K., & Zhou, J. (2014). Innovation and creativity in organizations: A state-of-the-science review, prospective commentary, and guiding framework. *Journal of Management*, *40*(5), 1297–333.
- Emirbayer, M., & Mische, A. (1998). What is agency? *American Journal of*

Sociology, *103*(4), 962–1023.

- Hallam, E., & Ingold, T. (Eds) (2007). *Creativity and cultural improvisation*. Oxford: Berg.
- Zittoun, T., & Gillespie, A. (2015). *Imagination in human and cultural development*. London: Routledge.

第二章　有創造力的人

有關創造力與智力的更多細節請參閱：

- Gardner, H. (1993). *Creating minds: An anatomy of creativity seen through the lives of Freud, Einstein, Picasso, Stravinsky, Eliot, Graham, and Gandhi*. New York:

Basic Books.

- Karwowski, M., Dul, J., Gralewski, J., Jauk, E., Jankowska, D. M., Gajda, A., ... & Benedek, M. (2016). Is creativity without intelligence possible? A necessary condition analysis. *Intelligence*, *57*, 105–17.
- Sternberg, R. J. (2003). *Wisdom, intelligence, and creativity synthesized.* New York: Cambridge University Press.

有關創造力與個性的更多資訊請參閱：

- Feist, G. J. (1998). A meta-analysis of personality in scientific and artistic creativity. *Personality and Social Psychology Review*, *2*(4), 290–309.
- McCrae, R. R. (1987). Creativity, divergent thinking, and openness to experience.

Journal of Personality and Social Psychology, *52*(6), 1258.

- Puryear, J. S., Kettler, T., & Rinn, A. N. (2019). Relating personality and creativity: Considering what and how we measure. *The Journal of Creative Behavior*, *53*(2), 232–45.

有關創造力與動機請參閱：

- Amabile, T. M. (1996). *Creativity in context: Update to the social psychology of creativity*. Boulder, CO: Westview Press.
- Dweck, C. S. (2008). *Mindset: The new psychology of success*. New York: Random House.
- Karwowski, M., & Kaufman, J. C. (Eds). (2017). *The creative self: Effect of beliefs,*

self-efficacy, mindset, and identity. London: Academic Press.

最後但同樣重要，有關非主流藝術、原生藝術與創造力的有趣讀物請參考：

- Maclagan, D. (2010). *Outsider art: From the margins to the marketplace*. London: Reaktion Books.

第三章　創造力的產物

有關創造力的靈感、產物與生命歷程，建議參閱：

- Glăveanu, V. P. (2011). Creating creativity: Reflections from fieldwork. *Integrative Psychological and Behavioral Science*, *45*(1), 100–15.

- Runco, M. A., & Acar, S. (2012). Divergent thinking as an indicator of creative potential. *Creativity Research Journal*, *24*(1), 66–75.
- Zittoun, T., & de Saint-Laurent, C. (2015). Life-creativity: Imagining one's life. In V. Glăveanu, A. Gillespie, & J. Valsiner (Eds), *Rethinking creativity: Contributions from cultural psychology* (pp. 58–75). London: Routledge.

有關創造力的層次與創造力貢獻度的類型，請參考以下資訊：

- Boden, M. (1994). What is creativity? In M. Boden (Ed.), *Dimensions of creativity* (pp. 75–117). London: MIT Press/Bradford Books.
- Kaufman, J. C., & Beghetto, R. A. (2009). Beyond big and little: The four C model of creativity. *Review of General Psychology*, *13*(1), 1–12.

- Kaufman, J. C., & Glăveanu, V. P. (in press). Making the CASE for Shadow Creativity. *Psychology of Aesthetics, Creativity, and the Arts*.
- Sternberg, R. J., Kaufman, J. C., & Pretz, J. E. (2002). *The creativity conundrum*. Philadelphia: Psychology Press.

有關惡意形式的創造力、動態定義與擴展，以下是一些不錯的參考資料：

- Andriani, P., Ali, A., & Mastrogiorgio, M. (2017). Measuring exaptation and its impact on innovation, search, and problem solving. *Organization Science*, *28*(2), 320–38.
- Corazza, G. E. (2016). Potential originality and effectiveness: The dynamic definition of creativity. *Creativity Research Journal*, *28*(3), 258–67.

- Cropley, D. H., Cropley, A. J., Kaufman, J. C., & Runco, M. A. (Eds). (2010). *The dark side of creativity*. New York: Cambridge University Press.
- Sierra, Z., & Fallon, G. (2016). Rethinking creativity from the 'South': Alternative horizons toward strengthening community-based well-being. In V. P. Glăveanu (Ed.), *The Palgrave handbook of creativity and culture research* (pp. 355–74). London: Palgrave Macmillan.

最後但同樣重要，有關黃金時代與創造力的更多資訊請參閱：

- Simonton, D. K. (2018). Intellectual genius in the Islamic Golden Age: Cross-civilization replications, extensions, and modifications. *Psychology of Aesthetics, Creativity, and the Arts*, *12*(2), 125–35.

第四章 創造力的發生歷程

有關創造力的心理歷程，更多資訊請參閱：

- Finke, R. A., Ward, T. B., & Smith, S. M. (1992). *Creative cognition: Theory, research and applications*. Cambridge, MA: MIT Press.
- Lubart, T. I. (2001). Models of the creative process: Past, present and future. *Creativity Research Journal*, *13*(3–4), 295–308.
- Simonton, D. K. (2011). Creativity and discovery as blind variation: Campbell's (1960) BVSR model after the half-century mark. *Review of General Psychology*, *15*(2), 158–74.

有關創造力的社會歷程請參閱：

- Glăveanu, V. P. (2015). Creativity as a sociocultural act. *Journal of Creative Behavior*, *49*(3), 165–80.
- Osborn, A. F. (1957). *Applied imagination* (revised edition). New York: Scribner.
- Reiter-Palmon, R. (Ed.). (2017). *Team creativity and innovation*. New York: Oxford University Press.

有關創造力的物質歷程請參考以下內容：

- Bevan, B., Petrich, M., & Wilkinson, K. (2014). Tinkering is serious play. *Educational Leadership*, *72*(4), 28–33.

- Gibson, J. J. (1966). *The senses considered as perceptual systems*. Boston, MA: Houghton Mifflin.
- Glăveanu, V. P. (2012). What can be done with an egg? Creativity, material objects and the theory of affordances. *Journal of Creative Behavior*, *46*(3), 192–208.

有關創造歷程與創造性的行動請參閱：

- Glăveanu, V. P. (2012). Habitual creativity: Revisiting habit, reconceptualising creativity. *Review of General Psychology*, *16*(1), 78–92.
- Wallas, G. (1926). *The art of thought*. London: J. Cape.

有關復活節彩蛋的創意，如果你好奇的話，可參考這篇文章：

- Glăveanu, V. P. (2013). Creativity and folk art: A study of creative action in traditional craft. *Psychology of Aesthetics, Creativity, and the Arts*, *7*(2), 140–54.

第五章　創造力發生的時間與地點

有關創造力與時間的更多資訊，請參考以下資料：

- Festinger, L. (1983). *The human legacy*. New York: Columbia University Press.
- Sawyer, R. K., Csikszentmihalyi, M., John-Steiner, V., Moran, S., Feldman, D. H., Gardner, H., Sternberg, R. J., & Nakamura, J. (2003), *Creativity and development*. New York: Oxford University Press.

- Wallace, D. B. (1991). The genesis and microgenesis of sudden insight in the creation of literature. *Creativity Research Journal*, *4*(1), 41–50.

有關創造力與空間的更多資訊，請參閱：

- de Saint Laurent, C., Glăveanu, V. P., & Chaudet, C. (2020). Malevolent creativity and social media: Creating anti-immigration communities on Twitter. *Creativity Research Journal*, online first.
- Dul, J., & Ceylan, C. (2011). Work environments for employee creativity. *Ergonomics*, *54*(1), 12–20.
- Hofstede, G. (2001). *Culture's consequences: Comparing values, behaviors, institutions, and organizations across nations* (2nd edition). Thousand Oaks, CA: Sage.

最後，有關創造力與受眾的角色可參閱：

- Csikszentmihalyi, M. (2014). Society, culture, and person: A systems view of creativity. In M. Csikszentmihalyi (Ed.), *The systems model of creativity* (pp. 47–61). Dordrecht: Springer.
- Glăveanu, V. P. (2014). *Distributed creativity: Thinking outside the box of the creative individual*. Cham: Springer.
- Von Hippel, E. (2005). Democratizing innovation: The evolving phenomenon of user innovation. *Journal fur Betriebswirtschaft*, *55*(1), 63–78.

最後但同樣重要，有關創造力的遊樂場理論、領域普遍性與領域特定性的討論，請參閱：

- Baer, J. (1998). The case for domain specificity of creativity. *Creativity Research Journal*, *11*, 173–7.
- Kaufman, J. C., & Baer, J. (2005). The Amusement Park Theory of creativity. In J. C. Kaufman & J. Baer (Eds), *Creativity across domains: Faces of the muse* (pp. 321–8). Mahwah, NJ: Erlbaum.
- Plucker, J. A. (1998). Beware of simple conclusions: The case for content generality of creativity. *Creativity Research Journal*, *11*, 179–82.

第六章　為什麼要展現創造力？

有關創造力與發展、心理健康和生命意義之間的關係，請參考以下資料：

- Kaufman, J. C. (2018). Finding meaning with creativity in the past, present, and future. *Perspectives on Psychological Science*, *13*(6), 734–49.
- Richards, R. (2018). *Everyday creativity and the healthy mind: Dynamic new paths for self and society*. London: Palgrave.
- Winnicott, D. W. (1971). *Playing and reality*. London: Tavistock.

有關人們從事創造的理由請參閱：

- Glăveanu, V. P., Lubart, T., Bonnardel, N., Botella, M., de Biaisi, M.-P., Desainte-Catherine, M., Georgsdottir, A., Guillou, K., Kurtag, G., Mouchiroud, C., Storme, M., Wojtczuk, A., & Zenasni, F. (2013). Creativity as action: Findings from five creative domains. *Frontiers in Educational Psychology*, *4*, 1–14.

- Hennessey, B. A. (2010). The creativity–motivation connection. In J. C. Kaufman & R. J. Sternberg (Eds), *The Cambridge handbook of creativity* (pp. 342–65). New York: Cambridge University Press.
- Luria, S. R., & Kaufman, J. C. (2017). The dynamic force before intrinsic motivation: Exploring creative needs. In M. Karwowski & J. C. Kaufman (Eds), *The creative self: How our beliefs, self-efficacy, mindset, and identity impact our creativity* (pp. 318–23). San Diego, CA: Academic Press.

有關研究創造力的理由請參閱：

- Glăveanu, V. P. (2018). Creativity in and for society. *Creativity. Theories–Research–Applications*, *5*(2), 155–8.

- Kaufman, J. C. (2018). Creativity's need for relevance in research and real life: Let's set a new agenda for positive outcomes. *Creativity. Theories–Research–Applications*, *5*(2), 124–37.
- Sternberg, R. J. (2018). Yes, creativity can predict academic success! *Creativity. Theories–Research–Applications*, *5*(2), 142–5.

最後但同樣重要，有關我們應該重視創造力的理由請參閱：

- Glăveanu, V. P. (2018). The possible as a field of inquiry. *Europe's Journal of Psychology*, *14*(3), 519.
- Groyecka, A. (2018). Will becoming more creative make us more tolerant? *Creativity. Theories–Research–Applications*, *5*(2), 170–6.

- Moran, S., Cropley, D., & Kaufman, J. (Eds) (2014). *The ethics of creativity*. London: Palgrave.

第七章　創造力的未來走向

有關創造力矩陣模型的更多資訊，請參考以下論文：

- Glăveanu, V. P. & Kaufman, J. C. (2019). The Creativity Matrix: Spotlights and blind spots in our understanding of the phenomenon. *Journal of Creative Behavior*, early view.

有關讓創造力大眾化請參閱：

- Craft, A. (2001). Little c creativity. In A. Craft, B. Jeffrey, & M. Leibling (Eds), *Creativity in Education* (pp. 45–61). London: Continuum.
- Guilford, J. P. (1967). Creativity: Yesterday, today and tomorrow. *The Journal of Creative Behavior*, *1*(1), 3–14.
- Kaufman, J. C., & Glăveanu, V. P. (in press). Making the CASE for Shadow Creativity. *Psychology of Aesthetics, Creativity, and the Arts*.

有關創造力社會化請參閱：

- Hennessey, B. A. (2003). The social psychology of creativity. *Scandinavian Journal of Educational Research*, *47*(3), 253–71.
- Montuori, A., & Purser, R. E. (1995). Deconstructing the lone genius myth: Toward

a contextual view of creativity. *Journal of Humanistic Psychology*, *35*(3), 69–112.

- Simonton, D. K. (1975). Sociocultural context of individual creativity: A transhistorical time-series analysis. *Journal of Personality and Social Psychology*, *32*(6), 1119.

有關創造力的科際整合、多學科與跨學科研究請參閱：

- Gardner, H. (1988). Creativity: An interdisciplinary perspective. *Creativity Research Journal*, *1*(1), 8–26.
- Kaufman, J. C., Glăveanu, V. P., & Baer, J. (Eds) (2017). *The Cambridge handbook of creativity across domains*. Cambridge: Cambridge University Press.
- Magyari-Beck, I. (1994). Creatology: A postpsychological study. *Creativity Research*

Journal, *7*(2), 183–92.

最後，有關創造力研究的批判性（和建設性）看法請參閱：

- Glăveanu, V. P. (2014). The psychology of creativity: A critical reading. *Creativity: Theories–Research–Applications*, *1*(1), 10–32.

國家圖書館出版品預行編目(CIP)資料

創造力：創意表現的起源、進程與作用 / 弗拉多 . 格拉維努
(Vlad Glăveanu) 著 ; 何玉美譯 . -- 初版 . -- 臺北市：日出出版
: 大雁文化事業股份有限公司發行 , 2023.02
面 ; 公分
譯自 : Creativity : a very short introduction

ISBN 978-626-7261-12-5 (平裝)

1.CST: 創造力

176.4 111021901

創造力：創意表現的起源、進程與作用

Creativity: A Very Short Introduction, First Edition

作　　者 弗拉多 · 格拉維努（Vlad Glăveanu）
譯　　者 何玉美
責任編輯 曾曉玲
封面設計 萬勝安
內頁排版 菩薩蠻數位文化有限公司
發 行 人 蘇拾平
總 編 輯 蘇拾平
副總編輯 王辰元
資深主編 夏于翔
主　　編 李明瑾
業　　務 王綬晨、邱紹溢
行　　銷 曾曉玲
出　　版 日出出版
地址：台北市復興北路 333 號 11 樓之 4
電話（02）27182001　傳真：（02）27181258
發　　行 大雁文化事業股份有限公司
地址：台北市復興北路 333 號 11 樓之 4
電話（02）27182001　傳真：（02）27181258
讀者服務信箱 E-mail:andbooks@andbooks.com.tw
劃撥帳號：19983379 戶名：大雁文化事業股份有限公司
初版一刷 2023 年 2 月
定　　價 350 元

ISBN 978-626-7261-12-5